「ことづくりの国」日本へ

新装版

そのための喜怒哀楽世界地図

旅人
関口知宏

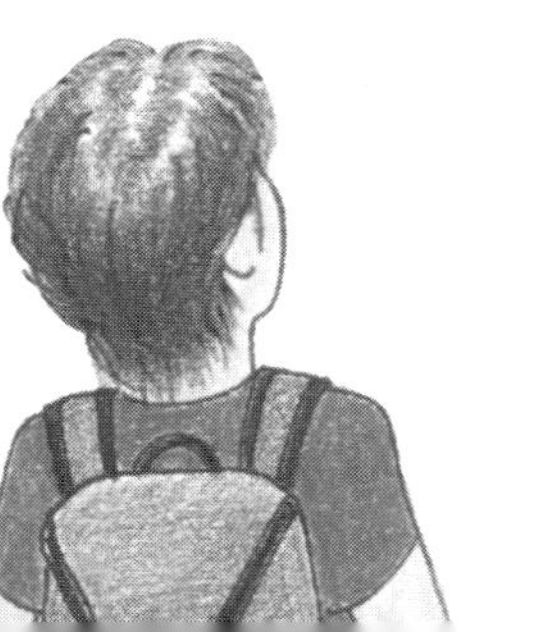

日本僑報社

関口氏が世界中を旅して得られた
驚くべき世界観が凝縮されている。

目から鱗がおちる思いだ

中国鉄道の旅や北京大と早稲田大の交流番組で共演した
中国取材ジャーナリスト 加藤 青延氏

目次

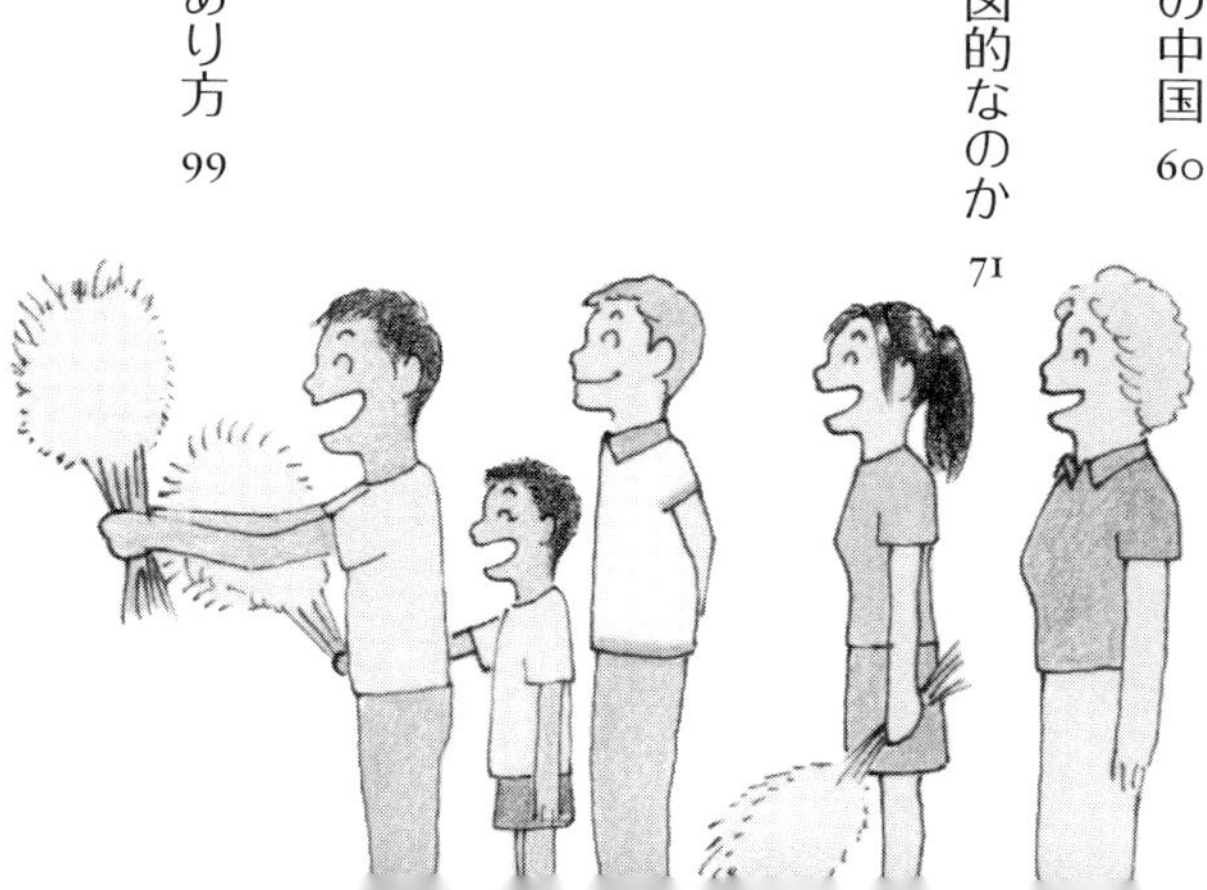

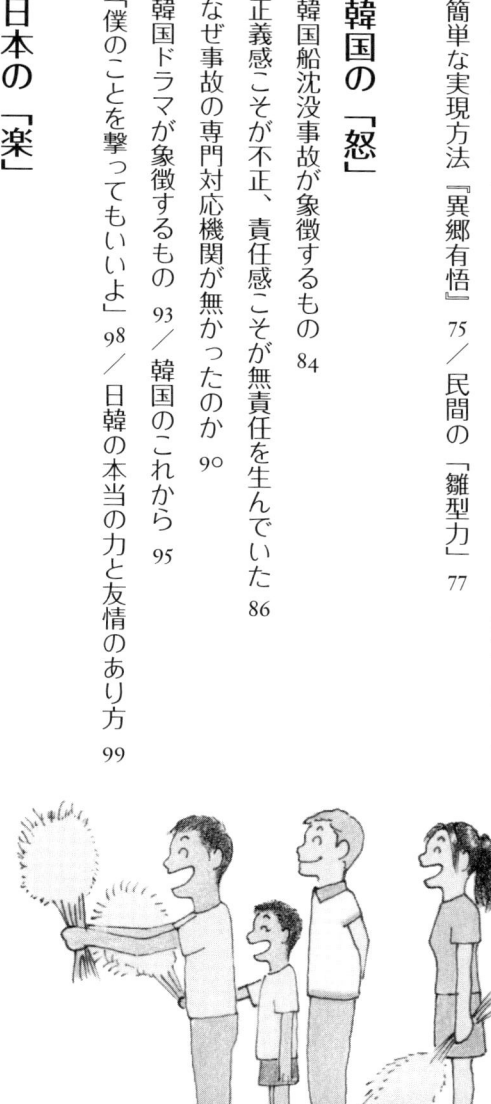

5章 「哀」は末路であり出発点

5章 番外編 スイスの気質は「怒」歴史は「哀」

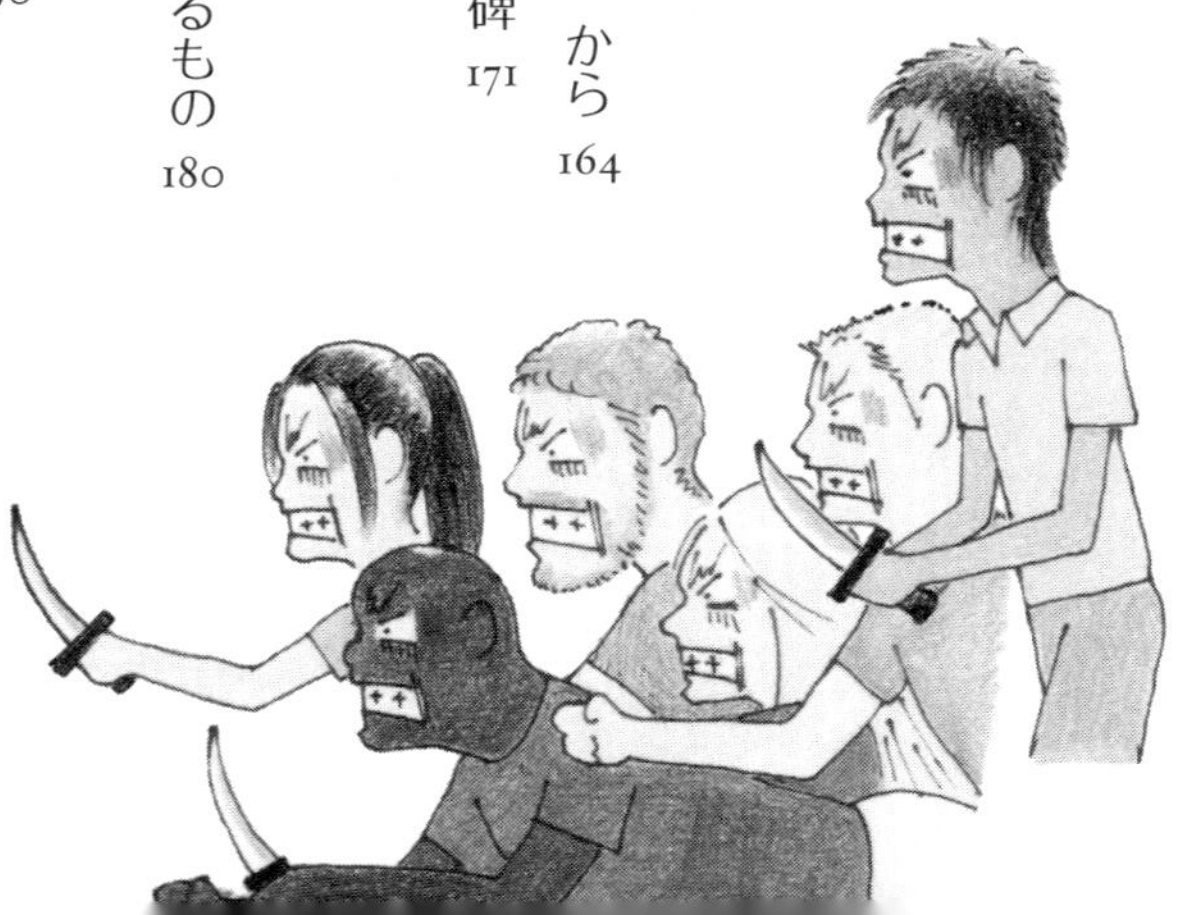

6章 歴史は「喜怒哀楽」脱却の積み重ね

ちょっと長いあとがきにかえて

【自分自身へのまえがき】

この執筆は、あくまでも世間知らずなお坊ちゃんである自分が、人々から色々なことを教わり学び、世界を旅させてもらって、社会の色々なことに気付かせてもらえたというだけの価値のもの。

日本や世界について偉そうなことを書くことになるだろうが、日本にも世界にも、自分などよりもよっぽど色々なことをわかって、やるべきことをやっている方々がたくさんおられることを忘れるな。

あくまでも、それでも読んでおいて良かったという人のため、なにより自身を振り返るための取り組みであることを、勘違いせずに執筆せよ。

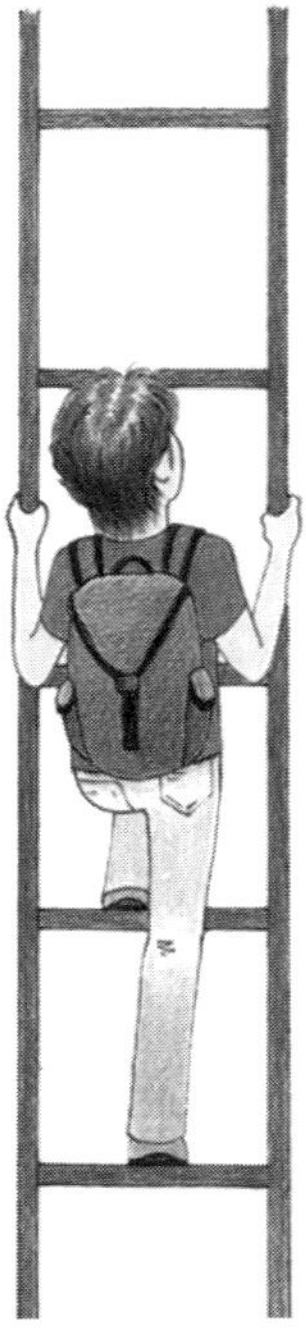

ちょっと長いまえがきにかえて

なぜ旅に出たのか

日本から始まり、世界各国に及んだ一連の旅。番組をご覧になった方からは、「自然体」「誰とでも溶け込む」などとご好評も頂きましたが、筆者は旅行好きではありません。出不精なので、自宅でじぃっとしているのが最も幸せな男です。

ではなぜ旅に出たのかというと、実は筆者の、日本に対する危機感からでした。自分自身を含めて、日本人が日本人を知らないことと、そこから今後様々に生じて来るだろうことの深刻さへの、漠然とした危機感というべきでしょうか。

その危機感は、その後の原発事故や、民主党政権の迷走とその反動としての今、あるいは児童虐待やいじめ、ストーカー、詐欺などの人心の荒廃や、それに対するのん気としか言いようのない対応、マスコミやメディアのある種の衰退や偏向、中韓露との間の国境危機など、様々な形で露骨に表面化して来てしまったわけなのですが、実はそうしたことへの危惧や予感がなければ、筆者は決して旅には出なかったでしょう。

筆者の旅番組は、そういう趣旨のものではありませんでしたし、当然そんな深刻さとは無縁に思えたと思いますが、あの一連の旅には、その深刻さを筆者や私たち日本人が自覚する上でのヒントがたくさん眠っているのです。趣旨が違うからこそ、そのヒントを織り込めたということもできるかもしれません。

では、どこに眠っているのかというと、筆者の方のではなく、世界で出会った人々の方の「自然体」にです。もちろんそんなところから私たちが日本の危機や深刻さを導き出すというのは、大変に遠回りな話ではあるのですが、筆者はそのつもりでした。なぜなら私たち日本人自身や日本が直面している深刻さを直視することが、日本人の本当の凄さや可能性を知ることにつながっているとの確かな思いがあったからです。

しかし、なぜそれがそんな「のんびり旅」という遠回りな手段だったのかというと、直接日本の危機や深刻さを訴えれば、決して日本の誰も受け入れてくれないであろう上に、その遠回りで出会うものが、その日本の危機や深刻さを象《かたど》るのに必要不可欠だったからです。

それはいわば、「反面教師」的なことです。世界の人々の自然体な素振りや表情と出会うことによって、初めて見えて来る私たち日本人の本質《エッセンス》というものがあるのです。その旅の体験から、筆者は「異郷有悟」（外国へ行き、その良さや問題を知ることで、自分の国の良さや問題が分かる）という四字熟語を創作しました。日本人の本質は、私たち日本人の危機にも可能性にもつながっているわけですから、是非つかみたいと思っていました。

ですから、筆者が自然にしていた理由もそこにありました。筆者が自然でなければ、出会った人々が自然になるわけがないからです。しかも筆者が自然なフリをしている程度では、その人々の自然さは失われてしまいますから、本気で目的を忘れる必要さえありました。

そのために筆者は、ただ旅をし、ただ遊ぶことにしたのです。ご覧になった方はご存じでしょうけれど、本当に旅の最中は、目的を忘れて遊び、眠りこけているだけでした。帰ってからＶＴＲを見ると、そうしていたからこそ、世界の人々の「自然体」がふんだんに入っていて、「ああそうだ、彼らのそうした自然な反応を引き出すために旅をしていたんだ」と思い出したくらいです。

次の時代は「もの」よりも「こと」

では、旅から見えた日本の危機とは何か。それは、本書のタイトル「ことづくり」に関わるものです。

「ものづくりの国」というのは、技術大国・日本の優秀さを表す枕詞のように使われているおなじみの言葉ですが、「ことづくり」と聞いても、おそらくほとんどの読者はピンと来ないでしょう。それは「ものづくり」に対するアンチテーゼ的な筆者の造語なのですが、それだけではなく、前述した日本の深刻な局面を打開する可能性を秘めた、私たち日本人が目指すべき指針でもあるのです。

ではその「ことづくり」とはどういうことか。それは「ものづくり」のベースにもなることですが、「人間関係のつくり方」、「自分や相手の見方」そのもののことだと言っても過言ではありません。

今や日本は国際的に見ても「衰退」「凋落」ともいえる局面にあるわけですが、そんな中で「日本には世界に冠たる『ものづくり』の技術があるじゃないか」と、すがるような思いで言う人が増えて来ました。これまで資源のない日本が国際社会で生き残って来れたのも、その「ものづくり」の技術のおかげだと言われているからでしょう。

今日本の景気は上向きになって来ているといいます。しかし実体的な景気浮揚には、企業の設備投資の伸びが必要になるといいます。その設備投資はもちろん「ものづくり」のためのものですが、それが現状ではまだ伸びていません。そこが伸びずに、借金で景気浮揚を続ければ、日本は大変なことになります。

ではなぜ伸びないのでしょうか。果たして景気さえよくなれば、かつてのような設備投資の伸びと「ものづくりの国日本」の栄光が帰って来るのでしょうか。そして、仮に景気が好転したとしても、今私たち日本人が本当にしなければならないのは、「ものづくりの国日本」ばかりに私たちの復活や誇りを賭けることなのでしょうか。筆者は疑問に感じるのです。

「ものづくり」をするにしても、その前提になるのは、なぜそれをつくるのかや、誰がどんな方法や思いでそれをつくるのか、あるいはそれを誰にどう売るかなどの「こと」です。そこが衰退していたり未発達であれば、「ものづくり」も衰退してしまうわけです。その前提の「こと」の部分を見直すことなく、日本は次の時代のステージや自立的なあり方に進むことができるのでしょうか。つまり私たちは今、その「こと」の部分を「つくり」直す、「ことづくり」をしなければ、過去の栄光や借金、他国の経済の伸びなど、あらゆることに依存するだけになっていくのではないかと筆者は思うのです。ですから、筆者はその「こと」を見直すこと、即ち「ことづくり」こそが、今私たちがしなければならないことなのではないかと思うのです。

また、「ことづくり」は、「ものづくり」の元であるだけではありません。国際関係の構築や改善などは、それ自体が「ことづくり」ともいえますし、家庭内や社内、学校内の人間関係の構築や改善も、それ自体が「ことづくり」です。

あくまでも筆者が見る限りではありますが、日本では長らく、「もの」はつくりも改善もされるのですが、その元の「こと」となると、はっきりと形でつかめないからか、旧来のまま放置されたり、問題が発生してからようやく改善しようとされたりしがちで、しかもその「こと」の善し悪しを現れで判断してしまうために、根本的な解決がなされず、それが今日の様々な深刻な社会問題に直結しているようにも感じられるのです。

そしてその「こと」のつかみにくさが、筆者が「直接訴えても受け入れられない」と言っている理由です。特に筆者が日本人に危機を感じている「こと」は、「日本人とは何か」そのものだとも言えるレベルのものですから、最も遠回りな「世界自然体旅行」をしなければならなくて当然と思ったわけなのです。

しかもちょうどそう思っているところに、「遠回り」をテーマとする旅のオファーが来たわけです。ですから筆者はそこに運命を感じ、旅行嫌いをおしてそれを快諾したのでした。ある意味では、その旅自体が筆者にとっての「ことづくり」だったとも言えます。というのは、多くの視聴者がおっしゃるように、筆者がなぜ世界中で誰とでも溶け込めたのかというと、後述する「喜怒哀楽」観のおかげで、自身や出会った人々の傾向や本質《エッセンス》をある程度感じとれていたからで、旅の数々のエピソードは、その上での交流の結果、即ち筆者にとっての「ことづくり」の結果だったのです。

ですから「喜怒哀楽」観は、筆者に限らない、また溶け込むことが目的とは限らない、多くの人々の「ことづくり」のために必要な「ことの見方」の一つの方法であり、部品です。「ものづくり」には部品やその改良が必要ですが、同様に「ことづくり」にも部品やその改良が必要です。筆者はその部品を確かめるために旅に出たといっても過言ではないわけです。その部品を多くの人が手に入れれば、日本は「ことづくりの国」の実現に向け、大きく邁進するはずです。ゆえに、筆者は大変な困難な作業であることを覚悟の上で、本書の出版に挑戦した次第です。

「ことづくり」の手順を「見える化」したい

今ますます混迷を極める一方の国際社会。日本のように、曲がりなりにも景気がせっかく上向きになっても、いつまたリーマンショックのような他国の煽りを受け、私たちの暮らしを直撃するかわかりません。国際社会の混迷と一蓮托生ともいえるわけですが、近年では、経済の世界でも「危機」や「最後のフロンティア」などという言葉が国内外で踊り、自然環境の方面でも、気候変動がいよいよ牙を剥き始めた感があります。しかし私たちはいまだ、どこに本当の「フロンティア」があるのかに気付いていません。

実はそれは、私たち人間そのものなのではないかと言う方がたくさんおられることをご存じでしょうか。そこを開拓することなく、この時代が切り開かれることはないというのです。

論拠は、今の時代のさまざまな問題を生み出したのが、他でもない私たち人間だから。つまり、私たち人間の行為だからです。

その行為は、私たち人間の野心や被害者意識、あきらめや無関心などから生まれるわけですから、開拓・改善すべきは、即ち「人間の心」なのではないかということです。

その割には、そこはあまりにも手つかずのままです。中国の海洋進出にしろ、クリミア問題にしろ、TPP問題にしろ、ともすれば、各国がただ思惑を思惑のままぶつけ合い、膠着状態に陥るばかりというようにすら見受けられるのです。

シリア内戦を巡る国際社会の態度もそうでしたし、CO_2排出問題での先進国と途上国の態度もそうでした。まったく成果がなかったわけではないにしろ、肝心なところは「WIN・WIN」どころか、膠着、なし崩しに終わってしまいました。

なぜいつも最後は思惑と思惑をぶつけ合うしかないのでしょうか。なぜそんなに暗礁が多いのでしょうか。それは、そこに至るまでの私たちの野心や被害者意識、あきらめや無関心などが、そのまま放置されているからです。

そしてそれは、なにも国際社会の話ばかりではなくて、会社の中の人間関係も同じです。もっといえば、家庭内の人間関係も同じです。

ですから、家庭を改善するにも、会社を改善するにも、日本を改善するにしても世界を改善するにも、私たち自身の心を「最後のフロンティア」と見定めて開拓する以外に、現実的な道はないのではないでしょうか。筆者は、それも「ことづくり」の話だと思っているわけです。今や「ことづくり」のレベルに進化も深化もしなければならないのは、日本だけではなく、個人から世界までのあらゆることなのではないかと思うのです。

そして筆者は、それを何らかの形で「見える化」したいのです。本書の取り組みがそうですが、世界にも日本にも会社にも家庭にも個人にも、いかにそれが現実の話であるかがわかるように、問題発生の経緯や問題解決の手順、即ち「ことづくり」の手順を「見える化」したいわけなのです。遠回りの鉄道の旅は、それを始める他でもない千載一遇のチャンスだったわけです。筆者はその後鉄道を離れて様々な旅をしましたが、そのすべてが、その「ことづくり」の「見える化」にあたっての貴重な体験であり、映像資料であると思っています。

「見える化」の事例

具体的には、どんな「ことづくり」、即ち問題の発生経緯や解決手順を「見える化」したいのか。一体、普段の私たちの何が問題なのか。実はそんなに漠然としたものではなく、むしろ大変に身近な話です。一例として、お勤めの会社で考えてみましょう。

上司や社長が、自分のおかげでこの会社や社員の生活があると思っているような、創業当時や上り調子だった頃の人間にありがちなタイプだった場合、解決しなければならない問題がたくさんあるにもかかわらず、それに取り組むよりもチャンスを狙う傾向があるのでは。また、本人はそれが問題解決につながると思い込んでいたり、問題そのものに取り組もうとする部下をバカにしてしまっていたり、上意下達的でコミュニケーションにならず、すでに孤立していたりするでしょう。

しかしそれを本人が自覚することは、「絶対」と言っていいほどあり得ないのではないでしょうか。もし、そこを本人が自覚するような「奇跡」があった場合、社内事情は一変してしまうに違いありません。

一方、揉めないことやスムーズなことを良いことと思い込んでいる上司や部下の場合（日本では一番多いタイプのはずですが）、チャンスがあっても危機があっても、それを切実に理解できるわけがありませんし、少しでも方策に難しいところがあると逃げますから、ほとんどの人は、そもそもそんな人に提案しないで済むならしないのではないでしょうか。

すると本人は、なんと元からチャンスも危機も無かったと思ってしまったり、ますます何事もないことが良いことと思ってしまったりしがちなので、なおさら厄介ではないでしょうか。つまり本人が自覚することは、「絶対」と言っていいほどあり得ないわけです。これももし、そこを本人が自覚するような「奇跡」があった場合、やはり社内事情は一変してしまうでしょう。

自身は善かれと思ってやっていても、あるいはこれくらいは問題にならないだろうと思ってやっていても、周りからすると実は大変な弊害を生んでいたり、あきらめられているかも知れません。もしそこを読者自身が自覚できたら、やはり仕事や人間関係、社内事情は一変してしまうはずです。

こういうことを、筆者は「見える化」したいのです。そして大変僭越ながら、貴社の人間関係という「こと」を「つくり」直す「ことづくり」のきっかけになればどれほど幸いかと思っているのです。

もちろん、これは会社に限った話ではありません。家庭内の人間関係にも言い得る話でしょうし、国家や国際関係のような大きな規模にも言えることです。

国家の規模の話でいうなら、例えば私たちにも多大な影響を及ぼしたリーマンショック。その原因をたどると、アメリカ人の気質や特徴に至ります。

リーマンショックの原因としてまず出て来るのは、アメリカにおける金融の公正性の問題なわけですが、ではなぜ公正性を欠いたのか、なぜその公正性の欠き方だったのかと突っ込んでゆくと、その背景に、何やらアメリカ人らしい色々なものがちらついて来ます。

それはおおよそ、「自信過剰」「優越競争」「メリットデメリット主義」「力こそ正義」といったあたりになるのではないでしょうか。よく言えば、「実験国家的」「実行主義的」とも言えますが。

それらをよしとした「独善」的な金融システムを作ってしまったところに、リーマンショックが起きる余地が生まれたわけで、この事件は、いわば「アメリカの盲点」が生んだとも評し得るわけです。

実はこのアメリカの盲点を生んだ「アメリカ人らしさ」は、決してバラバラの特徴ではありません。名前が付いていないだけで、まるで一人の人間の性格の話であるかのように一つのものなのです。

それを、筆者は「見える化」したいのです。そして大変僭越ながら、アメリカのそのクセ（即ち後述の「喜」の傾向）を良さとして生かす「ことづくり」のきっかけになったらどんなに幸いかと思っているのです。

ちなみに、これは仮にアメリカの市井の人々と触れ合う牧歌的な旅をしたとしても、彼らの何気ない素振りや表情、言動から感じさせられることになります。そして、その牧歌的な旅で感じた通りに、アメリカの過去の歴史があり、その後のアメリカが展開してゆくことに気付くでしょう。

またそれは、アメリカに限った話ではなくて、どこの国を旅したとしても同じことが起こるでしょう。実際、世界を旅してみたらそうでした。

どの国にも、様々な性格の人間がいるはずなのに、その国のあらゆる出来事の発生や推移に、おおよそ一つの特徴が生まれてしまう。私たち日本人は、まだそのことに十分には気付いていませんが、実際に世界を旅してみたらそうでしたし、行ったことが無い国でも、テレビで様々な出来事を見ていると、やはりそこに一つの特徴があります。

ですからそれを、筆者は「見える化」したいわけなのです。そして、本当に僭越な話だと思いますが、その無自覚だった自分の本当のクセや欠点に沿う形で自分を改善し、問題を解決するという「ことづくり」を、できる限り多くの方が始めて欲しいのです。それは絵空事や机上の空論だと思っていた未来や理念の現出に、必ずつながって来ると筆者は思います。

なぜ報道系の番組ではないのか

日本や世界を語りたいなら、報道系のようなそのための番組や情報の取り方があるのに、なぜ旅番組で、しかもそんな回りくどいことをしてまで、市井の人々との触れ合いなどに求めたのか。

実は報道系の番組やその情報の出し方では、結果や状況から原因を推測するしかない限界があります。

例えば、中国がなぜ尖閣を欲しがるのかと設問して、原因は中国経済の急速な発展と減速とか、国民の格差に対する不満の捌け口とか、覇権主義とか、尖閣の戦略的な価値だとかと答えるわけですが、これはいずれもこちらの「外」から見ての原因分析ですし、いずれもそれなりに間違ってはいないと思うのですが、中国が尖閣にアクションを起こしてからしか論議できないという点で「結果」論になってしまうわけです。

ところが、中国に行って市井の人々と直接交流してみると、例えば「チャンス獲得∨問題解決」という行動気質や受け止め方、思いグセがあることがわかります。つまり、私たち「外」の人間が「結果」から分析していた原因の大本がわかるわけです。

結果、尖閣をはじめとする領土問題の今後はもちろんのこと、靖国問題に対する中国と韓国の間の感情やスタンスに決定的な違いがあることや、クリミア問題が中国に与える影響、果ては歴史の出来事である文化大革命の顛末、遠い昔から繰り返している一種のパターンもわかりますし、何より仕事上中国と関わりがあるなら、どう関わればいいか、何に気をつければいいか、逆にどんな可能性があるかなどの大変なヒントにもなります。

つまり、旅は報道に比べて、政治や経済、国際関係の分析に最も遠いところにあるように見えて、実はその最も肝心な部分を体験できるものなのです。しかもこのことは、後に当の報道の人や、政府の要人に言われたことでもあるのです。

ですから、筆者は日本の海外経験者を一堂に募って、その「見える化」したい図を精密に編纂したいくらいです。

では、「ことづくり」の「見える化」のための一つの手段として、本書のタイトルにもなっている「喜怒哀楽」の特徴について具体的に説明していきましょう。

1章「喜怒哀楽論」

止観

なぜ旅に出たかの背景

これから「喜怒哀楽論」を展開していく前に、まずはちょっと自分自身の昔話にお付き合いください。筆者がどういう人間で、どういう背景があって本書を執筆するに至ったのかを、読者のみなさんに知って頂く必要があると思うからです。

21歳の時に、アメリカでとある衝撃的な出来事に出会うまでは、特に日本人がどうのこうのとか、世界がどうのこうのとか、本書のようなことは一切考えていない普通の一人の日本人でした。

自分は自分ですし、自分は芸能界を目指していたので、そのデビューの成功の一点に集中していました。なぜデビューが成功でなければならないと考えていたのかというと、当時の筆者は、芸能界は先見の明で一歩先をリードする勝ち組と、そのおこぼれに預かるしかない負け組でできていて、それはすでに最初の一歩で決まると考えていたからです。

本当はそれは違う上に、それも結果的に失敗するのですが、筆者が考えていたデビューとは、プロデューサーとしてのデビューで、アメリカへ行ったのは、その一歩先の時代のプロデュースに必要なものがあるからだったのですが、それもその出来事で一変してしまいました。

いつものように、クラスメイトの日本人たちと行きつけのカフェに行ったときのこと。そこには仲良くしていたアメリカ人の友人たちもよくいたのですが、彼らと何の気ない話をしていると、紙切れになにやらイタズラ書きをしてポイと投げて来ました。見てみると、そこにはキノコ雲と「Justice」（正義・報い）という字が書かれていました。

その瞬間は、筆者はそれがそのままの意味なのか、あるいは自分たちのアメリカの常識を嘲笑っているのかの判別がつかなかったのですが、いつもアメリカ人でありながらアメリカを嘲笑っているようなイケてる奴らでしたから、後者であろう、否、後者であって欲しいと思いました。しかしどうやら、そのままの意味のようでした。

もう一つ筆者にとってショックだったのは、一緒にいた日本人たちが、それに何ら反論しなかった上、まるで自分たちが真珠湾を奇襲でもしたかのように、あるいはそれを悪いことだとでも思っているかのように、一様に下を向いていたことです。その光景は、今でも忘れられません。

英語が苦手だからではありません。ただ一言「What is this?」と言えばいいだけのことだからで、実際筆者はそう言いました。

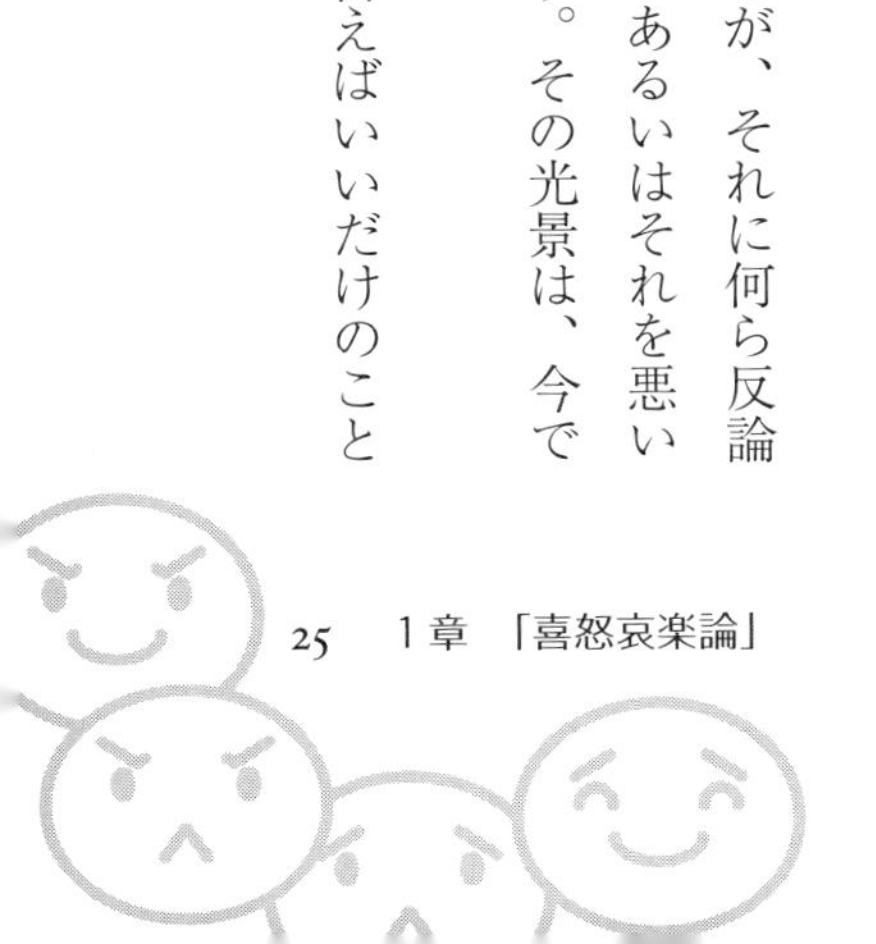

ところが、そのアメリカの友人はなんと、筆者が怒るとは思わなかったとでもいうようなビックリした表情をし、「あ、ゴメン」と言ってその紙切れを仕舞ったのです。

なぜこんなことが起きたのか。

大変わかりづらいようで、理由は一つでしかありませんでした。彼らをもってしても、原爆投下は当然ということなのでしょう。そして、それを問われる場に遭遇した日本人は、「今まで考えて来ませんでした」みたいになる上に、その相手の毅然とした態度に飲み込まれ、まるで「おっしゃる通りこちらが悪かったです」とでも言わんばかりの態度に陥ってしまうということでしょう。

海外ではこのように、つまらないふとした出来事の中に、アメリカ人とは何か、日本人とは何か、あるいは自分とは何かというようなことが、突然明確になってしまう瞬間があるのです。

筆者はその時その瞬間に、「自分とは」というカテゴリーの中に、初めて「日本人とは」というカテゴリーが加わったのだと思います。

もちろん当時はまだ「日本人とは」などと言い出すと、日本のあらゆるグループから煙たがられ、はみ出してしまうような時代でしたし、何よりも筆者のプロデューサーデビュー自体に矛盾してしまうわけですから、大変に困りました。

筆者が考えていたプロデュースとは、アメリカで流行している音楽を日本の音楽シーンの一歩先と見立て、それをバイリンガルの日本人をプロデュースする形のものでした。そこで、最初はそのまま計画通りのプロデュースデビューをし、そこから徐々に日本独自の音楽を生み出していこうと考え、音楽業界を回りました。ところが、当時の音楽業界には、そういう先読みをしている人が見当たりませんでした。そして直後に、まんまとプロデューサーブームが起き、バイリンガルブームが起きてしまいました。

プロ集団のはずの音楽業界に、先読みをしようとする人が見当たらなかったこと。それは筆者にとって大変に驚愕すべきことでした。そして最もしたくなかった形でのデビューになってしまいました。

今度はテレビ業界になったわけですが、ここでも再び同じことで驚愕させられました。バブルが崩壊した直後だというのに、驚くほど安穏としていたのです。

こう言っちゃ申し訳ないのですが、まず徹底的に工夫が見られない。偉そうにしている人は多く見受けられたのですが、その多くは、やっていることがただ何かのモノマネだったり、ただの予定調和だったり、他人をおちょくっているだけだったり、開き直っているだけだったり、ただ見た目がいいだけだったり。

そして何か世の中で一つ話題のものが登場すると、みなであやかって迎合し、一色になってしまう。芸能界はもはや制作発信基地ではなく、輸入専門店と化していました。

本当の意味で芸能のある人や、自主性をもって頑張っている人が一人また一人と去ってゆく、さらに言えば、もとより来ない状況を見ました。そういう人たちは、つまり当時の芸能界の器には収まらない人々だったということなのですが、芸能界では逆に自分たちのレベルに達しない人々と解釈してしまっていて、人材流出が始まったことに全く気付いていない様子でした。

視聴者もお気楽なものや、ただ分かりやすいもの、軽い人や悪びれた人ばかりを望むので、ますます芸能界の器が小さくなるという、まるで退廃の悪循環に陥ったかのような印象でした。

今にその退廃の原因をバブル崩壊のせいにするのかなぁと思っていたら、案の定そうなりました。本当にバブル崩壊のせい（予算のせい）なら、あんなに安穏とはしていられなかったはずですから矛盾するのですが、今の業界人の多くは、景気のせい、予算が無くなったせいだと思い込んでしまっているかのように見えます。

視聴者がもっぱらお気楽なものや分かりやすいもの、軽い人や悪びれた人を望む傾向があるのも、バブル崩壊前から同じでしたから、つまりテレビの世界は（もっといえば世の中も）、バブル崩壊の前後で何も変わってはいなかったのです。

ただ、原因と結果を逆に見るなら、芸能界の退廃とバブル崩壊とは無縁ではないとも思いました。つまり、安穏さがバブルを生み、安穏さがその崩壊を招いたと考えれば、世の中の動向も、自分が見た芸能界の悪循環も説明がつくということです。

そんな中で、筆者は芸能界に一切の希望を失ってしまいました。失ったのは早くて、デビュー直後といっても過言ではありません。物心ついて以来、一心に目指し、準備して来た芸能の世界。その疑いもしなかった「新しいことや大切なことを提唱するプロの人々の世界」という大前提が、筆者のただの思い込みであったことに気付くのに、時間は要しなかったのです。

もちろん自己弁護しようというのでも、ただ芸能界を偉そうに批判しようというのでもありません。芸能界がそうなったのには、それなりの理由がありますし、長い目で見れば様々な違った意味がそこにはあります。つまり、むしろ筆者はその時、自分がこのテレビの世界で本当にしたいことに、そうとは知らずもう一段近づいたということなのです。あるいはその未来においては、「芸能」という言葉がある種のトリックになることに、そのとき気付いたというべきでしょうか。

近い将来、私たちが大きな局面に行き当たったとき、テレビはテレビにしかできない大変大きな役割があり、自分が本当にしたいことも某《なにがし》かそこにあることを予感したわけだったのです。それはもはや、今私たちが「芸能」という言葉に抱く印象のものかどうかはわからないわけです（ですから鉄道の旅以降、「芸能人らしからぬ」と評されたことは、大変皮肉な話だなぁと思いました。芸能一家に生まれ育ったはずなんですけどね）。

ただ当然、その時点ではそれがどんなものなのかは皆目見当がつきませんでしたから、まるで失意のどん底にいるような生活をしていました。デビューから8年の間、自分がやりたい仕事は芸能界に一つもないのに、そこから離れる能力も生活力もありませんでしたから、大変苦しい日々でした。その果てに訪れたのが、旅のオファーだったわけです。

その時点で筆者は「ことづくり」の「見える化」を宿願にしていたわけですが、これはまさしく、「芸能」という言葉のトリックがある上では思いつきようのない願いだったといえるかも知れません。

まずはこの時代を知る

もしかすると、今頃本書を出版するのは遅いのかも知れません。うまく論旨がまとまって出版でき、読者の多くが「おぉ、確かにその通りだね」と言ってくれ、何か解決不能と思われていたことが解決できたとしても、「関口君よく出版してくれた」と褒められるのではなく、「なんでこんな大事なことを今頃になって出版した」と怒られる気がしないでもありません……。

それくらい、実は今というときは、私たちが感じている以上に大変な「崖っぷち」らしいのです。実際のところ、旅を始めるとすぐに、リーマンショックや欧州金融危機、スマトラ沖大地震、四川大地震があり、そして我が国は、あの3・11の大地震と大津波、原発事故を経験することになりました。

洪水や竜巻は、当たり前のように各地で頻発し、もはやどこかの国で町の一つが壊滅した程度では誰も驚かないような、とんでもない時代に突入してしまいました。

経済も、あちらこちらで破綻が起きていないことの方が不思議なくらいで、今どこかの国の財政が破綻しても、それが自分たちの生活を脅かさない限り、やはり私たちは「やっ

ぱりね」程度の感想で、決して驚きはしないのではないでしょうか。

以上の点からも、今や時代は、フランス革命や明治維新、産業革命のような、歴史的な諸大革命に勝るとも劣らない、大変な節目にあると言っても過言ではありません。

しかも現在の変革期は、西郷隆盛や坂本龍馬、ガンジーやマンデラのような一部の傑物のみによって切り開かれ得るものでも、機械や技術の発明のような物質的な革新のみによって切り開かれ得るものでもありません。「大変に不連続な過去と未来の深淵」と警告する人も少なくないほどです。

その論拠・背景となるのが、今の国際関係や、人間の地球環境への影響の巨大化、高速化、複雑化傾向です。しかもその巨大化、高速化、複雑化という三側面は、産業革命に端を発しており、その瞬間から、何百年何千年と横ばいだったグラフが、急に縦に折れ曲がっているほど、大変な加速度の中にあります。筆者などは、そのグラフを見ると、よくある終末論やオカルトなんかよりも、よっぽど怖くなるほどですが、なんと私たちは、国際社会や環境の様々な危機という形で、産業革命などという見も体験もしていないものの露骨な影響下にいるということなのです。

大切なことは、この産業革命が私たちに与えた「考え方」や「生き方」の変化にこそあるという人もおられます。それまで何もかもが自然の巨大な影響下にあって、自身に訪れる事態や問題を、良くも悪くも「自身のせい」と、原因を「内」に受け止めていた私たち人類が、科学技術やその発展で「自由にできる」「克服できる」と、原因を「外」に受け止めるようになったというのです。

確かに今私たちや世界がしていることといえば「外」の論理です。いかに「外」に対して大きな影響力を持つかという、子供の喧嘩のような強者と弱者の力学の、大変稚拙なパラダイムによる覇権パズルのレベルです。筆者がデビューに際して考えていた「勝ち組・負け組」の論理も同様でしょう。しかし国連などは「Big Nothing」と揶揄されているそうですし、そうさせてしまった主犯格の一国である米国にしても、今や反感を持つ国が乱立し、あれだけの軍事力を持っていながら、これまでのように強者の力学で好き勝手できない状況に陥っています。

今や世界は、「外」の論理で強者が弱者を都合好く変えようとして思惑通りになる案件など、どこにもないのです。一旦はかなっても、その弱者の後ろに強者が出て来て膠着状態になったり、違う深刻な問題に飛び火して、強者の方も、思いもしない大変な被害やリスクを新たに囲うことになります。

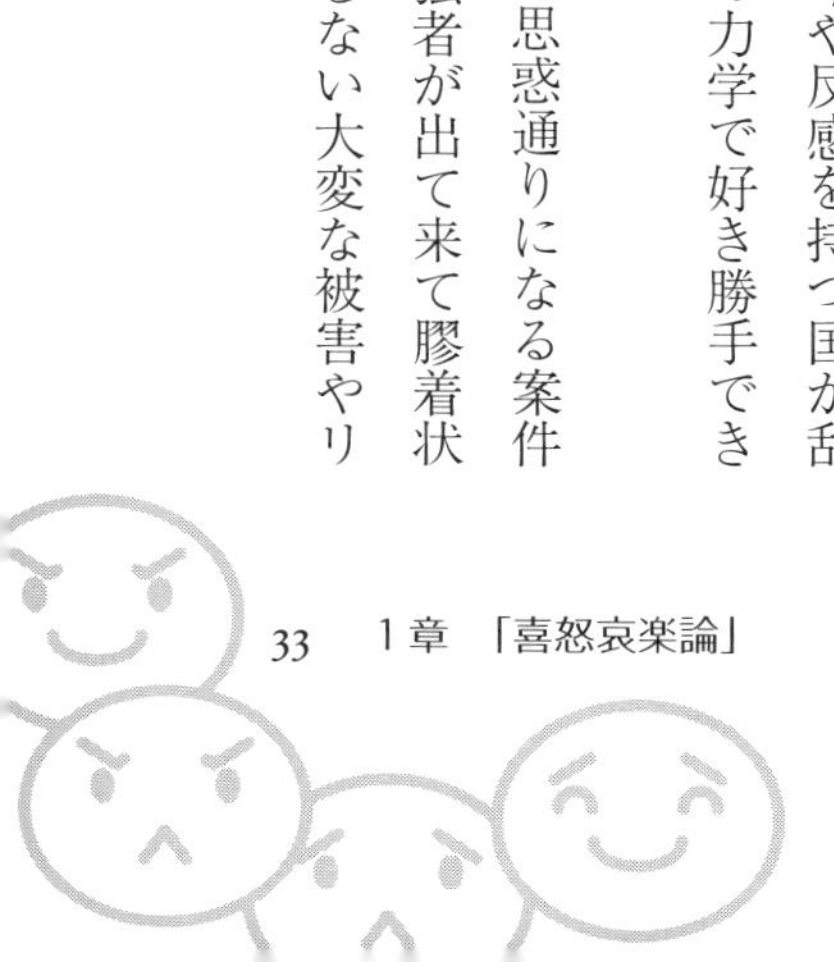

それは大国と小国の関係ばかりではなく、会社の上司と部下、組織と個人、大人と子供の関係にも言えることです。パワハラやセクハラ、虐待、差別などがそうですが、これまでと違ってすぐ表沙汰になるようになり、徐々に強者が好き勝手できなくなって来ています。

つまり、今の時代がこれまでと違うのは、国の話であれ会社の話であれ個人の話であれ、強者と弱者が等価になり、「外」の論理が通用しなくなって来ている点、そして、強弱や「外」の論理で論じていても解決しない新しい問題に満ち溢れて来ている点です。

これはもちろん、人間の社会や地球環境への影響の巨大化、高速化、複雑化と関係があります。私たちが日本で畑仕事をしているだけで、ＴＰＰを介して世界と影響し合ってしまっているように、そのせいで、地球が急激に狭くなって来ていて、無関係でいられるものが地球上から一つ一つ消滅しているような状況だからなのです。ということは、私たちは今、財力や腕力、軍事力などが、そのまま単純には他者への力にならない、いわば「もの」の「こと」化ともいえる現象の中にいると見ることもできるのです。

ですから、弱い者が変に抗力を持とうとしたり、強い者がその力を好き勝手に行使しようとしたりしても、思い通りの結果が待っているとは限りません。それはさながら、鋭い刃がたくさん付いたブーメランを、たくさんの人で混雑した狭い部屋で投げたようなもので、大変な結果を生むことになるのです。ブーメランの軌道は分析不可能なのに、悪い結果だけは決定しているような状態といってもよいでしょうか。

そんなわけで、旅のオファーが来た当時、筆者は芸能人だとか、番組はこう作るものとか言っていられない心境にありました。そんなことよりも、早くそのことを周知する機会をと思っていたのです。そして、そのことがわかれば、逆に自分の力の強弱や大小と関係なく、自分がすべきこと、できることを始める人、即ち「もの」よりも「こと」の人が増えると思っていました。

そうです、このとんでもない時代は、「もの」の力信奉者にしてみれば、即反感孤立滅亡の「三日天下の出涸らし時代」、「もの」の力において弱者を自認する小市民根性の立場の安住者にしてみれば、「荒海の木の葉のような運命の時代」になるわけですが、裏を返せば、自分のなすべきことをなすことの価値、即ち事態や問題を自身の「内」に引き寄せ、受け止めて行動する「こと」の価値が急激に上がっている時代ともいえるのです。

この如何ともし難い世界の現状は、相手を変えようとする時代の終焉を意味しているのです。つまり、まずは自分から変わるという「こと」が未来の鍵だということです。

これまでの歴史では、変わった方が敗者で、変わらせた方が勝者だったわけですが、なんとそこが今逆転しようとしているわけです。それだけでも十分に、この時代が大きな転換期であるとも言えます。

相手ではなく自分が変わることが、「義務」かと思ったら、実は「権利」だったということに気付かされる時代ということもできます。ですから、その権利を行使しようとする人たちのためにも、ますます「ことづくり」の「見える化」を急がなければなりません。「今頃かよ」などと怒られないように……。

旅の羅針盤

では一体、この産業革命以降の国際関係とその地球環境への影響の「巨大化」、「高速化」、「複雑化」という、如何ともし難い深刻な流れは、人間というものの複雑さと単純さのどちらから生じたのでしょうか。実は後者です。

私たちが今知っておかなければならないことは、単純さと素朴さの違いです。素朴さとは、実は知恵の結果のことで、その知恵のもとに様々な要素が生かし生かされ合うように整理されて一体化している様のことをいいます。一方、単純さとは、様々な要素を生かし生かされ合うように整理できないことで、逆に複雑で対立的で、深刻な事態を生み出してしまうものなのです。

ですから国際関係や地球環境も同様で、人間が単純でなかったのなら、こんなに深刻な事態にはなっていなかったはずなのです。

筆者も、旅を始める以前から、あることを感じていました。それは様々な悲しい思い、悔しい思いをした体験から、漠然とではありますが、人というものは単純に（1）物事をポジティブに受け止める傾向の人、（2）物事をネガティブに受け止める傾向の人、（3）あれこれ考える前に何でも動いてしまう人、（4）結局は動かない人――がいるだけのことではないかと。

そして、（1）と（3）の組み合わせの人の多くは高圧的で人の話を聞かないし、（2）と（3）の組み合わせの人の多くは被害者意識が強くて人を責めるし、（2）と（4）の組み合わせの人の多くは暗いあきらめのようなことを言うし、（1）と（4）の組み合わせの人は、一見良い人だけど鈍感で頼りないと感じていたのです。

ある時、仏教の「五蘊」という教えの解説を目にすると、なんとそのことをもっと明晰に詳しく、「可能性に蓋をするもの」として書いてあったのです。

（1＋3）「貪欲蓋」　物事を傲り、優位、歪曲、欲得で受け止め、事態や他者に対して独尊、独善、支配差別、上位下達、貪りで関わってしまうために、孤立、相手のエネルギーの枯渇、反感、疲弊、無理、即繁栄即滅亡などの現実を招いてしまうという。

（2＋3）「瞋恚《しんに》蓋」　物事を不満、拒絶で受け止め、事態や他者に対して批判、頑固、正論で関わってしまうために、関係の硬直、対立、周囲の萎縮、メンバーの離反、壊さなくても良かったものまで壊してしまう破壊などの現実を招いてしまうという。

（2＋4）「疑蓋」　物事を恐怖、否定、卑屈で受け止め、事態や他者に対して逃避、鈍重、愚痴で関わってしまうために、衰弱、沈鬱、虚無、徒労感、ニヒリズムの蔓延、慢性的な問題の発生などの現実を招いてしまうという。

（1＋4）「睡眠蓋」　物事を鈍感、自己満足、楽観で受け止め、事態や他者に対して怠惰、曖昧、甘え、依存、問題の先送りで関わってしまうために、癒着、マンネリ、場の混乱、後手、手遅れ、井の中の蛙、低水準などの現実を招いてしまうという。

もう1つは、この4つが混じり合ったものなので、エッセンス的には4つで、仏教ではこれらの傾向を、本来の自分や可能性に蓋をしてしまっている状態ということで「偽我」と呼んでおり、あの「108つの煩悩」や「喜怒哀楽」、即ち「貪欲蓋」は「喜」、「瞋恚蓋」は「怒」、「疑蓋」は「哀」、「睡眠蓋」は「楽」に対応可能だというのです。

もちろんまさか筆者がこんなに専門的に感じていたわけではありませんが、感じていたことは本当にその通りで、後に世界の人たちもそうなのかなぁと思いながら世界を旅してみると、実際に世界中の人たちもそうだったのです。

「4つの傾向」を改善すると

ちなみに、この4つの傾向を自覚し、改善するとどうなるかも書いてありました。

「喜」　物事の受け止め方を歪曲から正直、優位から畏敬、欲得から無私へと転換し、事態や他者への関わり方を独尊から愚覚、支配差別から同伴、貪りから簡素へと転換すると、創造、自由、希望、意欲、飛躍、開拓などの力を発揮できるようになるという。

「怒」　物事の受け止め方を拒絶から受容、批判から共感、不満から内省へと転換し、事態や他者への関わり方を頑固から砕身、正論から愛語、荒れから献身へと転換すると、責任、守護、弁別、正義、勇気、喚起などの力を発揮できるようになるという。

「哀」　物事の受け止め方を恐怖から自律、否定から肯定、卑屈から素直へと転換し、事態や他者への関わり方を逃避から責任、鈍重から明朗、愚痴から懸命へと転換すると、陰徳、共感、赤心、慈悲、ひたむき、無垢、誠実などの力を発揮できるようになるという。

「楽」　物事の受け止め方を満足から後悔、鈍感から鋭敏、依存から回帰へと転換し、事態や他者への関わり方を怠惰から切実、曖昧から実行、契約（甘え）から率直へと転換すると、癒し、融和、包容、安定、浄化、信頼、再結などの力を発揮できるようになるという。

ちなみに筆者自身は、旅番組などのイメージ通り、間違いなく「楽」の傾向の人間で、未だに「楽」であり、決して達観した人間として上から目線で本書を書いているわけではありません。

つまり、簡単に変われるものではないわけですが、世界を旅すると、ごくたまに自覚・転換したのではないかと思える人や国にも出会いました。詳しくは後述しますが、ドイツやスイスなどは、この「怒」から転換したのではないかと思う国でした。

他はまだまだ転換できたとわかる国はなく、そりゃそうだ、転換できていたら今頃、世界中が平和になっていると思いました。

行った国でいえば、ギリシャ・イタリア・日本は「楽」、アメリカ・中国・UAE（ドバイ）は「喜」、韓国は「怒」、ジンバブエは「哀」の傾向が強いと感じました。他の国は傾向がわかるほど滞在しませんでした。

行ったことはなくとも、傍から見ていて傾向がわかる場合もあるでしょう。北朝鮮、中東の紛争地域、イスラエルなどは「怒」、アフリカやカンボジア、インドなどの貧困を抱える地域やロシアなどは「哀」の傾向があるでしょう。

時期や時代でいうと、日本の戦前は「楽」、敗戦直後は「哀」、高度経済成長期やバブルの頃は「喜」、今は「怒」や「哀」の傾向といえるでしょうか。

しかし日本の場合はその下地に常に「楽」のベースがあって、「喜」の時期でも「喜」の国のようにはならず、「怒」や「哀」の時期でも「怒」や「哀」の国のようにはならず、

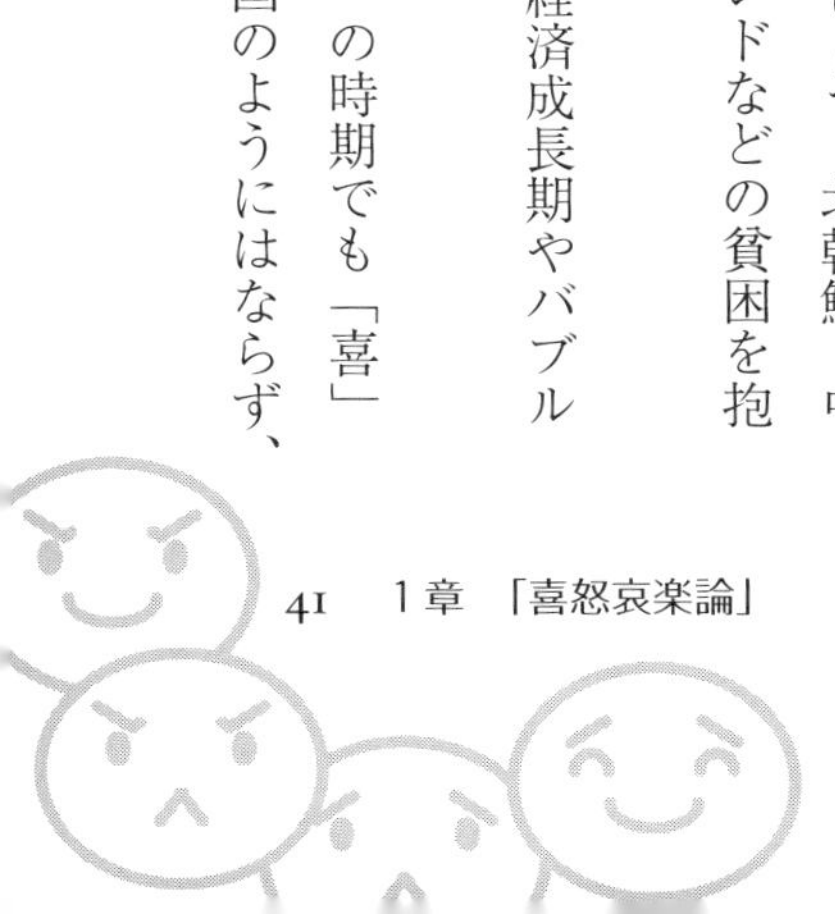

むしろ「楽」の症状が最も強く現れているように思えます。

あらためて「喜怒哀楽」を国で例えると

今、日本や世界各国で起きている様々なことを見ていると、それがどこかの国の素晴らしいことであれ、深刻な問題であれ、何気ないことであれ、その原因や特徴が、筆者が旅で世界の人々に受けた厚意の特徴と共通点があります。

旅では、日本人には日本人の厚意の特徴、中国人には中国人の厚意の特徴、ドイツ人にはドイツ人の厚意の特徴があったわけなのですが、それがその国の素晴らしさとも、その国で起きる大変な社会問題や国際問題などとも、特徴を一つにしているのです。

その特徴が4種類あったわけなのですが、筆者が旅以前に様々に知り学んだことを踏まえると、要素的に「喜怒哀楽」の4つに大別できるわけです。筆者が行った国を例に挙げてみましょう。

「喜」は中国やアメリカ。人々が旅人との出会いを喜び、旅人を喜ばそうとする傾向があって、そのための自信やアイデア、実行力に満ちていました。

しかし一方で、社会や国際関係、歴史などを見てみると、その自信やアイデア、実行力を、自国や自社、あるいは自分自身の欲得や優位などのために使ってしまったことから、本末顛倒の独善、独尊や支配差別的になって、無理や反作用、反感、疲弊、孤立、作っては壊し（繁栄即滅亡）の現実などが生じたケースが多いのです。中国では文化大革命、アメリカではサブプライムローンなどがその典型例でしょうか。

「怒」は韓国やドイツがそうでしたが、人々が旅人との出会いに一種の責任感を持ち、旅人を害厄から守ろうとする（つまり旅人の害厄に怒ってくれる）傾向があって、そのための正義感や注意喚起力などを持っていました。

しかし一方で、社会や国際関係、歴史などを見てみると、その正義感や注意喚起力を自国や自社、あるいは自分自身の不満や被害者スタンスのために使ってしまったことから、本末顛倒の正論、批判、頑固になってしまうがゆえの関係の硬直や対立、周囲の萎縮、過緊張、メンバーの離反、壊さなくてもよいものまで壊してしまう破壊の現実などが生じたケースが多いのです（ドイツはそこから卒業したかのように感じたわけですが）。

「哀」は、筆者がそうだとわかるほどじっくり過ごせた国がなく、ジンバブエが唯一そうだとわかりましたが、人々が旅人との出会いに一種の謙虚さを持ち、陰徳的に関わろうとする（つまり旅人に対して哀れな立場をとってくれる）傾向があって、そのための共感力や地道力などを持っていました。

しかし一方で、ジンバブエの社会の現状を見ていると、長い間政府や役人の横暴や賄賂が横行して来たようで、人々は衰弱や虚無、ニヒリズム、慢性化した諸問題の中に埋没し、あきらめや恐怖感、虚無感の中にいました。

筆者自身も、突然の役人の宴会のためにホテルの部屋を追い出されたり、取材クルーも空港で賄賂を要求されたりして、日本ではなかなか感じることのないそのあきらめや恐怖感、虚無感をほんの少し身をもって体験させられましたが、仮にそのあきらめや恐怖、虚無の惨状の中で育まれる良さが何かしらあるとしたら、それは自由な想像力でも、楽観的な性格でも、もはや恨みや被害者意識でさえなく、なるほど共感力や地道力であることはわかりました。共感力の種は自己憐憫であり、地道力の種はあきらめだからです。

ちなみに、行っていない国でいうと、かつてのインドはこの典型例でしょう。イギリスの植民地化によって多様性を失い、徹底的な不活性とあきらめの状態にあったといいます。

しかしそこで登場したガンジーの改革の方法が興味深くて、糸を紡ぐとか行進するとか、投獄にひたすら耐えるとか、とにかくコツコツというものでした。それなのにその運動に対するインド人たちの共感力や地道力が高かったために、遂には巨石を動かすほどの運動に発展していったのです。

　ですからガンジーの改革は「非暴力・無抵抗」で有名ですが、注目すべきもう一つの点が「哀」の国民性ならではの改革であったことなのです。

　またそのインドから発祥した仏教も、釈迦が老い死にゆく人間の現実を知って衝撃を受けた「哀」の感覚から始まっており、その「哀」の感覚から脱しようと重ねた修行の果てに見つけた答えの重点も「慈悲」、つまり字義通りに言えば悲しみを慈しむという究極の共感力であったことは、インドや「哀」を大変象徴してもいるのです。

「楽」は日本やギリシャ、イタリア、スペインなどがそう感じさせられましたが、人々が旅人との出会いに楽しさを感じ、旅人を楽に楽しませようとする傾向があって、そのための癒し力や安心力などを持っていました。

　しかし一方で、社会や国際関係、歴史を見てみると、その癒し力や安心力を自国や自社、あるいは自分自身の安心や安定のために使ってしまったことから、本末顛倒の鈍感・楽観・自己満足・依存・先送り・他人事的な応対になって、癒着、場の混乱、手遅れ、井の中の蛙、低水準、衰退などの現実を招いてしまうケースが多いのです。

日本の借金財政や、先の原発事故、東北復興対策の遅れや予算の一部不適切な履行、トンネル崩落事故やJR北海道の不祥事、伊豆大島での豪雨被害拡大、医療現場でのミスの多発、長崎ストーカー事件の警察の鈍感な対応や検察の証拠ねつ造など、検察・警察の不祥事の多発、いじめ問題に対する教育現場の他人事や隠蔽、STAP論文に端を発する理研や日本の学界の杜撰な論文管理体制の露見、TPP参加不参加判断の著しい遅れなど、数えれば切りがないほどの諸問題は、どれも見事にこの「楽」の傾向から生じているように思えます。

それぞれの国の特徴については、後段で詳述したいと思います。

「止観」が求められる時代

他人のために使えば長所になり、自分のために使うと短所になる、4つの気質要素。なぜ4つなのかというと、人には明るいか暗いか、エネルギーが外向きか内向的かなどの素養的な気質がありますが、それをまとめてみると、「喜怒哀楽」のような4つになるわけです。また、そもそもこの「喜怒哀楽」という言葉も、ただ感情の漠然とした形容ではなく、なんと仏教から発祥したものだそうで、４つに分けただけの意味があり、前述のような長所・短所になるそうです。

その長所・短所というのも、良いところと悪いところというよりは、そうならざるを得ないもの、自覚するかしないかの違いという方が正確で、何よりも自覚が大切なわけです。

しかしそうだとして、人には４つの感情がすべてありますし、ましてや国や企業は、色々な人がいるわけなので、果たして４つのうちの１つの傾向だけ帯びるものだろうかと思われる方もいらっしゃるでしょう。

ところが、自身の職場や周囲の方を見渡して頂ければわかると思いますが、毎日社風が変わるでしょうか。守りに入った会社が、同時にチャレンジングでもあるでしょうか。逆にチャレンジングな会社が、必ずしも安定的でしょうか。一人一人に温かいでしょうか。いつも事なかれ主義の社員が、翌日には鋭敏にチャンスや問題を見つけてリスクを恐れず行動するでしょうか。問題点や不満点ばかり論《あげつら》う人が、翌日のほほんと人柄が良くなるでしょうか。いつも自信過剰に上から目線で話してくる人が、突然謙虚になるでしょうか。

残念ながら、色々な選択肢があるはずでも、人も会社も国も、いつも同じ選択を繰り返してしまいがちなものです。

私たち日本人も、よく「縦割り」や「玉虫色」「事なかれ主義」「島国根性」などと形容されます。それが原発事故をはじめ、様々な不祥事や社会問題を生んで来た原因、つまり、私たちが自覚すべき「楽」の気質そのものなのですが、筆者が子供の頃から聞いているにもかかわらず、日本の形容詞はいまだにそれです。

一体なぜ行動パターンが一種類になるのか。理由は2つあります。1つは、私たちの判断や行動が、今そのものからのものではなく、過去の体験や感情からのものであるため。そしてもう1つは、それがあまりにも自動の思考回路すぎて、一瞬のうちに物事をそう受け止め、そう考え、そう行動してしまっているために、自分のしていることでありながら、名前まで付いていながら、それをつかむことができないためです。

そこには個人と組織の差もありません。なぜなら、その組織にいる個人たちが、その自分の過去から行動しているだけの場合は特に、組織はその個人たちの、ただの最大公約数になるからです。

ですから私たちは、自分の中でそれを止めてよく観ることで、自分の中でつかむ必要があるわけですが、仏教には「止観」という修行があって、修行者はまさにそれをするのだそうです。

筆者は世界を巡ってみて、今やこの「止観」が、山中の修行者ではなく、世界中の私たち個人にこそ求められているのを感じました。というのは、世界で起きていることを見ると、相手を変えようとしても変わらないことばかり。つまり、そのやり方では道が開かないところまで時代が来たとみるのが自然だからです。

それは今後ますます顕著になっていきます。今や世界は、自然環境の深刻な悪化や、グローバリゼーションと呼ばれるもの、情報網の発達などによって、相対的に地球が急激に狭くて小さいものになって来ており、相手を変えて済む遊びの部分も、急激に消滅しているからです。

そんな中で、相手ではなく自分が変わること、即ち自身の「喜怒哀楽」の気質を止めて観究めることは、修行僧のような特別な人がすることから、私たちの現実に必要なことになって来ているのです。

その効果は、やってみればわかりますが、絶大な力を発揮します。自分の事態の受け止め方や言動が、現実や理に適うために、人間関係が劇的に変わり、組織が変わり、本当に同じ世界を見ているのだろうかと思われるほどの変化が生まれることでしょう。

そしてそこに、私たち日本人の多くの場合は、これまでには感じなかった「怒」るべき現実や「哀」しむべき現実の側面を自他共に感じるようになる代わりに、逆にだからこそなのですが、机上の空論や奇麗事にしか思えなかった「家庭円満」や「職場改革」、果ては「世界平和」などの「喜」ぶべき可能性が、現実的に存在することにも、気付かされるでしょう。

改めて日本人に注目

筆者が旅で見たところ、今世界の人々が「力の時代」の次の未来を切り開く者として最も注目しているのが、私たち日本人です。アメリカでもロシアでも中国でもありません。しかも、日本の有名人や政治家ではなく、むしろただの市井の日本人なのです。

なぜなら日本は、良い悪いを別にして、過去を振り返っても戦後の荒廃からの復興や、高度経済成長と公害などその弊害、今の問題でいえば少子高齢化や原発事故の深刻度など、実は世界に先駆けていることが大変に多い国で、その認識が日本人よりも外国人の方が実感としてあるからです。

ですから、そこで私たち市井レベルの日本人が日常をどう暮らし、問題を乗り越えるかの一挙手一投足が、実は世界の人々にとっては思いのほか重要な関心事なのです。

そして次に私たち市井の日本人が何にメスを入れるのかも、世界の大変な関心事の一つなのです。かつては西洋も中国もメスを入れたことがあり、その上で今日の世界や日本もあるといえるのですが、恐らくこの分野に手をつけた前例はないでしょう。それは何かというと、「自分自身」です。

これはゴルフトーナメントに例えると、世界はある意味でまだクラブの善し悪しや飛距離にこだわっていて、自分の腕前は改良済みだと信じ込んでいるような状態。そんな中、私たち日本人は再度「フォームの改造」に取り組む感じです。

先の韓国船の沈没事故は、まさにそんなことを彷彿とさせる事件でもありました。あれだけ反日論調だったにもかかわらず、日本に事故対応を見習えという話になってしまいました。中国のPM2・5問題もまた同様で、あれだけ自信過剰な態度を内外に示していたにもかかわらず、公害対応となると日本に見習わなければとなってしまいます。

当の私たち日本人は、「それは日本の技術の話でしょ」と思っていますが、そんなつまらない理由だけでただ態度を変えたのではないのです。私たちの多くは、その日本の「技術」や「ものづくり」を、日本がまだまだ捨てたものではない誇りのように思い始めていますが、それでは「ものづくり」に私たちが「依存」してしまうわけですから、なんと「ものづくり」を自ら過去の栄光や他人事にしてしまうのです。

せっかく世界が日本のフォームやその改造の取り組みの次元に着目し始めたのに、当の私たち自身が「クラブの善し悪し」や「飛距離」の次元に落ちようとしてしまっているわけです。

今、私たち日本人がしなければならないのは、そもそも「技術」や「ものづくり」を生み出した次元への回帰と、そこから見た今という現実にマッチングする新しい「クラブ」の発見と開発です。それは即ち、本書のタイトルとした「ことづくりの国日本」への進化であり、深化だとも言えないでしょうか。

私たちが「自分自身」にメスを入れることは、まずそれ自体が「ことづくり」なのであり、ひいてはそれが日本の「ことづくり」への深化にも、その結果としての「ものづくり」の進化、即ち本当の「ものづくり」の継続にもつながる第一歩なのだということです。どこかの国の人々が先にやってくれれば、それこそどんなに「楽」かと思いますが、残念ながら、どうやらそれは無いだろうことを、筆者は旅で学んで来たわけです。

例えばアメリカあたりが先にそれをしたとしても、彼らが変わるのは「喜」ですから、具体的な参考例にはなりません。それで仮にアメリカが日本にとって有益無害になったところで、日本の諸問題は消えてなくなってはくれませんし、衰退も止まりません。ですから、私たち日本のことは私たち日本人でやらなければいけないのです。

具体的に何をしなければいけないか。それはまず、私たち日本人が「日本らしさ」や「日本人らしさ」をこうとらえ直すことなのではないかと筆者は思います。

会社での人間関係の改善が、家庭での人間関係の改善にも寄与し、家庭での人間関係の改善が、子供の学校での人間関係の改善、即ちいじめ撲滅にも寄与し得るように、日本のあらゆるレベルやジャンルの人間関係が双方向に暗転好転の影響力を持ち合わせているので、自分自身が変わることが、他のレベルやジャンルの人間関係の好転や、日本全体の好転、ひいては世界の好転に、影響の大小を超えて実質的に寄与する――。

ミクロの個人とマクロの社会や国、世界との関係、あるいは個人の世界に対する暗転好転の影響力も「巨大」化「高速」化している中で、この「関係性の世界観」ともいうべきものへの自身の態度を、あらためて「日本らしさ」や「日本人らしさ」ととらえ直し、共通認識化することです。そうすれば、一見事態は「複雑」極まりなく見えても、何にメスを入れるべきなのかは「自分自身」であることが、私たち日本人の中で自ずと定まるでしょう。

おそらくそれが、私たち日本人の「フォーム改造」であり、日本人への「回帰」でもあり、真の戦後レジームからの脱却への道でもあり、私たち独自の自由主義や民主主義のあり方へつながる道でもあり、「価値観を共有する国との連携」だけが本当に日本が世界にとるべき態度なのかの答えでもあり、憲法9条が本当にただの堕法なのかの答えでもあり、デフレさえ脱却すればいいのかの答えでもあり、災害大国として必要な心構えでもあり、国際社会にとって日本がどう必要なのかの答えでもあるでしょう。

ですから、この話は大変に範囲が広い上に、決して簡単に実現できる話でもないため、自分のような分際の人間が偉そうに講釈できる類いの話ではないと、長年逡巡してきました。しかし、今本当に大切な時を迎えている私たち自身のために、どうしても必要な話だと思い、ほんの一助や参考になればと、僭越ながら敢えて旅の経験を振り返り、本書の出版に挑戦した次第です。

2章 中国の「喜」

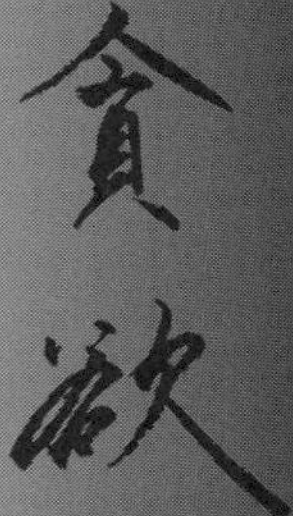

「喜」び方がハンパない

では、「喜怒哀楽」を代表すると思われる国の人々について、具体的に説明していきましょう。まずは「喜」の代表、中国から。

旅で最も長く滞在したのは中国でしたが、人々の特徴は明瞭でした。まず一つ目に「そこまでか」とびっくりするのは、人々が出会いを「喜」ぶこと。

ある暑い日、頭を洗ってもらいたくなって床屋さんに入ってみると、床屋のおばさんがえらく喜んで、「私と出会ったことを忘れないでね」と言い出しました。

ある村では、おじいさんが残り一頭の家畜を、ちょっと寄っただけの筆者にご馳走するために絞めようとしていて、慌てて止めたことがあるくらいです。

また、ある砂漠の吹きっさらしの村では、遥か遠くにポツリと一軒の家が見えた時点で、家主夫婦がものすごい勢いで手を振っていました。まさか顔も見えないこの距離で筆者を歓待しているわけじゃないよなと思ったのですが、近くまで行ってみると、家の中に誘われました。やっぱり歓待されていたようです。ものすごく嬉しそうでした。

ですから「熱烈歓迎」や、孔子の「朋あり、遠方より来る、亦悦しからずや」という言葉は、本当に中国の人々そのものなわけです。また、中華料理屋さんによく「喜」の字が、一個では足りないらしく二つ並べて「囍」と書いてありますが、それもまったくもって中国の人々を象徴しているわけです。

日本では「喜」と「楽」をそれほど厳密に分けて考えませんが（中国もでしょうが）、喜びと楽しさの間には巨大な差があることを、中国の人々は教えてくれるのです。

ちなみに、海外で見かける和食屋さんの名前で一番多かったのは「お気楽」でした。やはりと思いましたが。

エネルギーがハンパない

また、景勝地観光にも「喜」の特徴が色濃く出ます。ある山の上の景勝地に行った時のこと。ふもとのバス停に、大変な数の観光客がいて、「あちゃぁ」と思ったのですが、大変な数のバスも停留していたので安心していたら、なんと一台しか出しません。

すぐ感情を表に出す中国の人々のこと、こりゃ誰かが「他にもバスがあるじゃないか、出しなさいよ！」と言ってくれるだろうと思っていたら、なんと嬉しそうにみんなゾロゾロと一台のバスに乗ってきます。どうやら、そのギュウギュウの「楽」じゃない感じはまったく問題にならないようです。

そして、日本の高校生たちと行った山の上の景勝地では、リフトが新設されたばかりだということで、登る苦労はないやと安心していたら、リフトは大変にお門違いな方向に上って行きます。降りてから、空気の薄い中、果てしない距離を歩かされました。「昔はみんな階段を登ったんです」とガイドさんは言うのですが、日本人としては、バリアフリーはどうしたんだとか、初心者コースを作ればいいじゃないかとか思ってしまいます。ところが、やっとの思いで景勝地に着き、帰りは昔からのその階段で降りてみると、下からおじいちゃんおばあちゃんたちが、続々と登って来るではありませんか。

つまり、「楽」に登りたいという感覚が無いと言い得るほど、人々のエネルギーがハンパないのです。少なくとも私たち日本人と比べれば、国土や人口と同じく、エネルギーが10倍あるということです。出会いが「楽」しいレベルではなく「喜」びレベルに達しちゃうのもうなずけるわけです。

思い通りにする「喜」び

旅をご覧になった人は、筆者が中国人から受ける親切と、近年の中国政府の著しい海洋進出などを全く別に感じている人が多いと思いますが、「喜」という観点から見ると、奇妙な接点が見えてきます。

中国の人々の親切は、「それってかなり大変だよなあ」と思うようなことでも、絶対に完遂しようとします。列車の中でカップラーメンをくれたお兄さんが、お湯も入れてくれるというのですが、給湯できる車両は何両も向こうで、すごく込んでいました。でも、絶対に完遂してくれるのです。

また、ヨーヨーを見せてくれるという女の子がいましたが、ヨーヨーが壊れてしまいました。中を見ると爪が折れていて、もう直らないのですが、彼女は直そうとします。絶対にあきらめないのです。

「一度決めた目標は絶対にあきらめない」――ここに中国の人々の奇妙な接点があるのです。人生の目標であれ、他人に対する親切であれ、海洋進出であれ、一度こうしようと決めると、無理でもやろうとするところがあるのです。

ではなぜそうなのか。誰しも、自分が決めた目標が叶うことは喜びです。楽しさの域ではありません。楽しい目標程度なら、いくらでも変更可ということになりますが、喜ぶべき目標は、それが叶う手応えや達成感、高揚感を思うと、簡単にあきらめたくなくなります。中国の人々の親切や日常生活は、おしなべてその「喜」のレベルだったということです。

ですから、「喜」というものは、市井の人々のレベルでは、それが愛嬌や微笑ましい光景にもなるのですが、国のレベルになると由々しき問題になってしまうのです。少なくともその点においては、「民間と政治は別」とは言えないのです。

「内向き」の日本、「外向き」の中国

実はこれは中国の「製造」の性質にも関わりがあります。中国製品はよく問題が世界各国で報告されますが、なぜそうなのかということです。

製造技術国の私たち日本人は、それを「うちよりも遅れている」というニュアンスで受け止めているでしょう。しかしそれでは、私たちの自画自賛にしかならず、本当の理由が

わからないので、日中関係の先読みにはなりません。中国の人々は、質の良い製品を製造できるようになることよりも、手に入れることの方に手応えや達成感、高揚感を求めているのだという点を押さえておく必要があります。

この日本との違いは、地理的な条件差のなせる業です。昔、どこか遠い国に欲しいものや技術があったとしましょう。この場合、日本は海に囲まれているので、渡るとなると命がけになりましたから、別に今のままで結構という「現状満足癖」がつくでしょうし、どうしても必要なら代用品を作るわけですから、「内向き・製造」気質になるわけです。

一方中国は、地続きの大陸なので、わざわざ自分で作れるようにならなくても、とりに行ってもよし、つれて来てもよし、占領しに行ってもよしだったわけです。ですから中国の人々の気質は、「外向き・営業」気質になり、そのために必要な「自信癖」や「相手の優位をとろうとする癖」がつくわけです。

中国の高速鉄道や空母などがその例です。その「製造力」は無いはずなのに、なぜ手にできたかを侮らずに見ておく必要があります。つまりそれも、一種の中国の「外向き・営業」気質の表れなのです。

日中関係の雛形

ですから、私たちは中国をのん気に善悪や優劣で裁いて遊んでいるのではなくて、日中の国民性や気質に添った現状分析力と未来図を持ち、それに向けて中国と関わっていく必要と、私たちが変わっていく必要があります。

その雛型の一つが、ある番組で紹介されていました。ダイキン工業です。番組によると、ダイキン社長はこのことをどうやらよくわかっていたようで、中国を下請け、即ち「製造力」で見るのではなく、「営業力」で見ました。具体的に何をしたかというと、ダイキンはインバーター特許技術を持っていたのですが、なんとそれを中国にあげちゃったのです。

そうするとインバーターが中国全土に広まるからで、実際に広まりました。しかしそれはダイキン製品ではないので、メリットが無いはずですが、案の定その広まった製品は、壊れるとか、ダイキン製品の品質に及ばないということになります。ダイキン社長は、そこからダイキン製品を売りました。パブリッシュは既に済んでいるわけです。

その上、あげたインバーター特許技術ですが、実はその核心部分は細やかな手作業による調整で、日本人にしかできないのだそうです。つまりダイキン社長は、見事に中国を「営業力」として活用してしまった上、インバーター技術の肝心な部分はあげていないという、まさに満額の結果を導き出したわけです。

これは言い換えると、ダイキン社長が日本を中国に比べて「先進国」「技術大国」と優良・優越気味に見ていたのではなく、「内向きだから製造力が上がる国」「製造力が優れているからといって、営業力が優れているとは限らない」と、長所を短所とセットで見、その点で中国人の気質の方が、ある意味では優れている、向いている部分があると洞察できていたことをも意味しているのです。

先般、三井商船が差し押さえられ、日本はまんまと大金を払ってしまいましたが、今や日中関係は、中国を見下していると逆に負け、中国を悪と見做していると逆に悪にされるという局面に入りました。これはアメリカに頼っても効果は限定的という局面でもあります。今私たちは、ダイキン社長のように、自立的に日中の国民性や気質に添った未来図を描き、それに向けて中国と関わり、自分が変わる「知恵」を持つ必要があるのです。

そもそも「所有」の感覚が違う

日本人は、原発事故が起きてもふるさとにこだわりますが、中国人は逆です。しかし私たち日本人は特にふるさとにこだわっている覚えはありませんし、中国人が自身を逆だとも思っていません。

下手をすれば、お互いに「中国人もそうだろう」とか、「日本人もそうだろう」と思っているかも知れません。なぜなら、私たちの方は、中国の村で、立ち退かされる住民が反対している映像を見ていますし、中国人は日本人のその点をよく知らないからです。

しかし実は、そこに雲泥の差があります。それは一つに、日本の土地の豊かさにも理由がありますが、もう一つは、日中の政権交代の歴史の差に理由があるようにも思います。

政権交代の差とは何のことかというと、前述の大陸と島国の地理条件の差のことでもあるのですが、モンゴルの元がそうだったように、中国は日本と比べて、政権交代がいわば外国や外国人に変わってしまうのと似ている点です。

旅では色々なところで万里の長城に出会いましたが、他国や他民族の侵入を防ぐためだったのに、それでも何度も滅びたことや、違う時代の違う政権が継ぎはぎのように建設していったことは、まさにそれを象徴しているわけです。

漢字を採用することに変わりがなかったので気付きづらいのですが、「国や土地の所有者＝国や土地の人間」という感覚が、日本人ほど当たり前ではないのです。

それが中国人がなぜか土地の所有権を失うはずの共産体制を受け入れた理由の一つでもあり、当然のように尖閣や南沙方面に海洋進出する理由の一つでもあるように思われるのです。

その差を押さえているのといないのとでは、日中の先行きの描き方や対応・交渉のし方が違うのです。ある意味では、中国の「貪欲」さというのは大変に単純明快なものです。それなのに、日本がまんまとそれを防ぎ得なかったのは（アメリカもですが）、中国の国力の増大や利害の複雑さといった要因ばかりではなく、むしろ単純に、私たちが自分の感覚で中国を見ているから踏んだ誤算や後手でもあるということです。

今後もこの「感覚の差」は、日中の交渉・交流上のあらゆることに影響してくるでしょう。前述のように、「所有」というものの感覚が、日本人の場合「もともとの持ち主のもの」と思うのに対して、中国人は「もともとの持ち主などおらず、努力した者のもの」と思う差に表れるでしょう。

またそれは、あらゆる行動原理が、日本人の場合は「自分が余計なことをしなくても」と思うのに対して、中国人は「自分がしなければ何も始まらない」と思うことなどの差に表れるでしょう。それはそこが海に囲まれた島国と、地続きの大陸の差で、日本は「所有権」や「国家観」「国境観」が「自然に存在するもの」で「何もしなければ不変のもの」と思いやすい環境であり、対照的に中国は「あくまでも人工物」で「何もしなければ一時のもの」と思いやすい環境だからです。

もちろんそれは、「国際社会のルール」へのスタンスにも「差」として表れます。つまり、日本人は「国際社会のルール」を「もともとあるもの」、中国人は「力のある者が変えるもの」と考える「差」です（そうです、中国は自分のやっていることを世界の常識だと思っている可能性があるのです）。そして私たちがそれを「それは差じゃなくて誤りでしかないだろ」と高をくくっていると、なんと逆に国際情勢次第では「国際社会のルール」が変えられる可能性が出て来てしまうのです。

ですから、私たちは、相手の行為を、ただ自分の価値観のまま「悪」と見るのではなく、その中にある「一理」をそのまま「一理」と見ることが、仲良くするにも、自分の主張を通して勝つにも、相手を正すにも必要なのです。つまり今こそ日中は、双方にとっていわゆる孫子の「敵を知り己を知らば百戦危うからず」の実践のタイミングなのかも知れないと筆者は思うのです。

中国の人たちは学びたがりだった

中国には、2つの発展願望、2つの不満の顔がありました。日本にいると、尖閣を含む海洋進出などの「外界への傍若無人さ」や、頻発する暴動などの「国民の政府に対する不満」を目にするわけですが、実はそれは片方の発展願望、片方の不満でしかないのです。

実際に中国を旅してみると、人々から最も強く伝わって来るのは、様々な意味で「もっと知りたい」「もっと学びたい」という、ほとばしるような思いでした。それは現代の私たち日本人が知らないレベルの、大変に強烈な願望で、あり余って不満と呼ぶべきほどに達しており、中国社会のもう片方の発展願望、不満と言っても、一切の遜色が無いほどだったのです。

日本に来たこともないのに日本語をペラペラと話す日本語学校の女学生や、村にろくな英語塾もないはずなのに日常会話ができてしまう女の子など、番組でもそうしたエピソードがよく登場していたと思いますが、特に日本を知りたい、日本から学びたいという中国の人々の思いやエネルギーが、アメリカに対するものと一、二を争うほど非常に高く、旅の最中、筆者は「どうやって日本は戦後の荒廃からあんなに発展したんだ？」という質問や、「日本人は頭がいい」というつぶやきを何度受けたかわかりません。

驚くべきは、カメラが回っていない時や、筆者が休日に買い物や喫茶店に行った時にもその質問を熱く受けた上に、過去の戦争のことで筆者が暴力を受けたり、何かを投げつけられたりといったことが、あの長く広範囲な旅を通じて、なんと一度もなかったことです。それくらい中国人は「発展＞被害者意識」気質なのだということであり、その発展願望や不満が「知りたい」「学びたい」のエネルギーなのだということです。

ですから、日本人がどうしたら発展できるかを、メリット・デメリットに即して教えたとすると（つまりどの発展願望がデメリットになるかを含めて）、大変に純粋に耳を傾け、実践しようとするのです。そして、信じられないと思いますが、私たちがそうすることで、ひいては今中国が対外的にやっていることを自らやめることも、大変に高い確率であり得るのです。

ポイントは、メリット・デメリットで話すことです。水質汚染改善のために日本が援助している現場の取材で、雲南省の昆明の湖を訪れた時のこと。撮影の前に当局の高官たちと面談しなければならなかったのですが、緊張感のある空気の中、高官たちが私たちスタッフにスライドショーを見せ始めました。

それは昆明の最新ダムのもので、筆者は嫌な予感がしました。残念ながらそれは当たっていて、水質汚染改善の現場ではなく、そのダムを日本に紹介しろと言い出してしまったのです。

スタッフはなんと、二つ返事で了解してしまいました。それでは番組にならず、放送一回分もロケ費もパーなのですが、逆らって面倒なことになりたくないということのようでした。

不甲斐ない人たちだなと思った筆者は、前もってスタッフから「何も言わないで下さい」と念を押されていたのですが、手を挙げて「ちょっといいですか?」と言いました。スタッフは凍りついたような顔をしていましたが、「それでは日本の援助は要らないじゃないかと日本の視聴者に思われますけど」と、当然のことを言ってみました。

すると高官たちは、いきなり慌ただしくなって、どこかに電話したりし、部屋を出て行ったり帰って来たりし、結局は水質汚染改善の現場を撮影して良いことになりました。

つまりそういうことなのです。この出来事一つで中国すべての説明になるとまでは言いませんが、私たち日本人が中国に抱くべきイメージは大まかそれなのであり、私たち日本人が今中国と関わってすべきことも、日本人がそれをいかにやっていないかも、このエピソードが如実に象徴しているのです。変に敬遠したり、蔑んだり、怖がってアメリカに擦り寄って、虎の威を借る狐になることではありません。

日本から眺める中国の発展願望と国民の不満は、中国で直《じか》に見る中国の発展願望と国民の不満と天秤になっているのです。欧米は前者だけを見て、「人権問題」を楯に中国の欧米化を善としているのですが、それでは中国も変わるに変われず、対立になってしまう上に、現状をご覧になればおわかりのように、欧米は中国を変えられもしません。

逆に日本は、後者から中国を尊重しつつ、中国の本当の発展、即ち日本のいう中国の国際秩序を守るレベルへの進化などにも、「人権問題」の解決にも寄与できるのです。

それは日本が中国を敵、アメリカを見方とする「依存」の道を選ぶか、それとも中国もアメリカも尊重する「自立」の道を選ぶかという大切なポイントの話でもあります。そうです、私たち日本人が後者を選んだ場合、中国は変わるのです。そして、対米中関係上の日本の「自立」「自尊」の道は、ちゃんと存在するのです。

私たち日本人が後者を選んだ場合、どれほど中国や中国の人々が日本に感謝することでしょうか。そうなれば、中国がいかに日本に様々なことで協力しようとするようになることでしょうか。そしてそこに、日本に対する中国の脅威は、どれほど存在することでしょうか。

そのニュアンスやそれが絵空事でないことは、あの旅での中国の人々の筆者への態度が、象徴も証明もしているのではないでしょうか。

中国のどこまでが意図的なのか

中国の社会問題や日中関係などに関する、日本の報道の分析を見ていると、中国当局の思惑や意図を探るものが多いわけですが、人々の心の中に存在する無意識の部分となると、途端に分析が少ないように思います。あるいは無意識のことを思惑や意図に入れてしまっている分析ミスがあるように感じます。

これは中国に限った話ではなく、日本でも小保方晴子氏の「ねつ造か否か」の問題のように、「意図的か意図的でないか」が議論になる問題がたくさんありますし、先の韓国客船沈没事故も同様で、どこまでが人為的な事故だったかで紛糾していますが、これは私たちがまだ、物事の真相を探る時に、人間の意図と無意識の関係、そしてその整理のし方を、ちゃんとわかっていないことを示しているように思います。

実はこの「喜怒哀楽論」はまさにそこに関する論で、中国の社会問題や日中関係にしても、小保方氏の「ねつ造」の真偽にしても、韓国客船沈没事故の船長逃亡がどこまで「確信犯」かの是非にしても、私たちが考えるほど「思惑」「意図」だけで説明がつかないことと、逆にその「無意識」に相当する面というものも、私たちが考えるほど説明がつかないものではないことを示しているのです。

言い換えれば、「人間は自分の思惑や意図に無意識」ということです。例えば、他人を常に見下し利用する人がいたとします。仮に誰かがそれに気付き、苦言を呈してみると、必ず本人は反論してくるわけですが、それは本人が本気で「いわれのない中傷」と思って反論している可能性が高いからなのです。

理由は、見下しているのは「そもそも自分の方が優れているから」と、それが当然の前提になっているからで、見下しているとは到底思えないのです。そして他人を利用していることにしても、「優れた者が劣っている者を利用して当然だ」「むしろ自分はそいつらに気を遣ってやってるくらいなのに、なぜ責められなければいけないのか」と、本気で理解できないわけです。

では、その人はどこが「無意識」なのかというと、その「前提」です。自分が何をもって他人よりも優れているとしているかの論拠の稚拙さや矛盾です。その論拠の稚拙さや、それが単なる思い癖でしかないという矛盾を本人がつかまない限り、他人を見下すことや利用することを止めることもない上に、それで反感を買って孤立したり、自信過剰から生じた様々な無理の反作用を食らっても、それをそうと受け止めることができないわけです。

そして私たちも、そういう人の「無意識」の部分、即ち問題の根本をちゃんと把握しようとせず、生じた問題だけを問うために、結果論で断罪することしかできません。

断罪とも限りません。この手のタイプの人は、見下しや利用どころか、むしろ自分はその劣った人間たちのためにやってあげているのだという独善の域に達するものなのですが、それで貰い物をした人たちや恩恵に預かった人たちが、その人を褒めそやしてしまったりします。

それが単に「利用されただけ」「子分にしようとされただけ」であることに気付いてから、ようやく「おかしい」と思い出すという茶番を繰り返すことになるわけです。

ですから、そろそろ私たちは、思惑や意図の分析から深化し、その思惑や意図を生み出す実体である「無意識」を洞察できるようにならなければなりません。そうでない限り、中国の様々な問題や、小保方氏の行為の是非、韓国船沈没などの惨事を防いだり根本解決することはできません。

中国の社会問題や日中関係も、思惑や意図だけで分析するのでは限界があります。私たちは尖閣問題などの海洋進出になると「思惑」「意図」と分析し出すのですが、ＰＭ２・５などの環境問題となると「思惑」や「意図」とは思えなくなります。「思惑」や「意図」は、すべてを網羅できないわけです。

しかし、その背景の「無意識」、即ち「喜」で見ると、すべてを網羅して見ることができます。「思惑」や「意図」も、その結果や反作用も、ある程度予見できるようになるわけです。

日中関係の今後を占いたいならなおさらで、その際は私たち自身、日本人の「無意識」、即ち「楽」を加味して考える必要があるでしょう。日中関係を「喜」と「楽」の関係で見るということです。すると、どんな結末が待っているか、両者が何を改善しなければならないのかが、専門家の分析を待たずとも、概略はわかるようになるわけです。

日中関係は、単なる思惑と思惑のぶつかり合いではなく、無意識の癖と無意識の癖のぶつかり合いでもあります。それを日本人も中国人も自覚し、対抗ではなく協力し、相手を変えるのではなく自分が変わらなければ、どちらにとっても「末路」としか言いようのない結末が待っていることだけは確かなのです。

逆に自覚すれば、日中が外向き力と内向き力、創造力と解決力、交渉力と技術力といった具合に、不思議なくらいお互いが欲しいものを「入れ子」のように持ち合せている関係であることに気付くでしょう。

簡単な実現方法『異郷有悟』

仮にそうだとしても、よっぽどの人格者でもないと、そんな関係は結べないと思われる読者もいらっしゃるでしょうか。しかし、実は簡単です。日本人と中国人が出会えば良いのです。

例えば、横浜中華街に行ってみると、本国に比べて「こうも変わるのか」という中国人にたくさん会います。JALの機内誌の取材・撮影で、横浜中華街の書道家・熊峰さんと出会った時のこと。彼に日本に来て変わったことを尋ねると、筆者が旅で変わったことと真逆のことを言いました。

彼が中華街で教室を開いた時のこと。学びに来られた日本の年輩の方々に、「学ばれる目標は何か」と聞いたのだそうです。筆者はその時点で「中国人らしいなぁ」と思ったのですが、案の定、生徒さんたちは困惑して、「目標……」「目標が無いといけないのでしょうか……」と言ったそうです。

中国では、「喜」の国ですから、コンクールで優勝するためといったように、必ず「発展目標」が明確にあるのです。ですから、熊峰さんの質問は「無意識」に出るくらいに中国人として当然の質問でした。逆に日本の生徒さんたちは、そんな明確な目標はないのが、「無意識」なくらいに日本人として当然なわけです。

さて、それが一体熊峰さんをどう変えたのか。熊峰さんは、衝撃を受けたのだそうです。「なるほど、自分は目標のためにしか書道の価値を見ていなかった！」と思われたのだそうです。結果、熊峰さんの書道への見方は非常に深まったそうで、それを大変に感謝されていたのです。

これはまさに中国の「喜」と日本の「楽」のありようを見事に示すエピソードでもあり

ます。しかも中国人と日本人は、他の国の人々以上に、不思議なくらいこうした化学反応が起きやすくできているのです。そこに日本人と中国人の「縁」があるのかも知れません。筆者が中国の旅の時に作った四字熟語でいえば、先に説明した「異郷有悟」が起きやすくできているということになるでしょうか。

しかし残念ながら、日本人は中国人に比べて化学反応が低めです。これは先進後進の差ではなく、変わりたいか変わりたくないかの気質の差です。今日本では、遅ればせながら「このままではダメだ」という意識が徐々に高まって来ました。ですから今がチャンスです。方法は、ただ中国人に出会えばいいだけ。中国に行くのが難しいなら、中華街でも十分なのです。

民間の「雛型力」

もちろん、それがお互いの国を変えるほどなのかという問題はあります。しかし、そのことに関して、私たちは少なくともあることを知っておかなければなりません。

それは、国と国の「ＷＩＮ・ＷＩＮ」は、政府間で交渉すると、規模や力は大きいが自国の利益のためのそろばん勘定が重きを為し、民間が交流すると、規模や力は小さいがお互いを変える力が大きく働くという点です。

一見政府というものは、民間よりもできることがいくらでもあるように思いますが、政府が何をするのかというと、私たち民間人の望みや世論の最大公約数にすぎません。つまり、政府間交流は間接、民間交流こそが直接なのです。それが理念やキレイ事ではなく、事実なのだということを、私たちは知っておかなければならないのです。

これは「気持ちの伝達度」ということで考えれば明白でしょう。人間は「不安」がベースででき上がっています。「喜怒哀楽」も、その「不安」を発露としているもので、弱ければ「喜」や「楽」になり、強ければ「怒」や「哀」になります。ですから、どこの国の人間であれ、気質が「喜怒哀楽」のどれであれ、直接人と人が出会わなければ「不安」が発生し、「喜怒哀楽」の症状が発生します。逆に直接人と人が出会うと、「不安」が治まることで「喜怒哀楽」の症状が治まったり、化学反応で「喜怒哀楽」の生かし合い方がわかったりするのです。

そういう意味でいえば、政府間交流というものは、国民と国民は間接の交流になるために、政府は国民の「不安」をベースに交渉せざるを得なくなる上に、国民の「喜怒哀楽」

の気質の闇の側面に沿ったアクションにならざるを得ないということなのです。

しかし日本人も中国人も、「政府が国民を導くもの」という発想が根強い国民性です。そこにアジア的なものもあるのですが、皮肉なことにそうだからこそ、国内問題で見ても、日本は人々が未来像を持てなくなっており、中国は政府が体制崩壊を恐れることになってしまっています。

実は今、両国の政府が求めているのは（無意識ですが）、むしろ民間交流が見つけ出す「ＷＩＮ・ＷＩＮの雛型」です。政府は、政府だからこそできない関係構築があることに気付き始めているということです。「政府が国民を導くもの」という発想が根強いために、私たち国民がそのことに気付いていません。

それが証拠に、日中親善の時に知日派で知られるあの唐家璇さんに出会えたのですが、流暢な日本語で、「私らにできることは大変に限られている。アンタができることの方が十倍も百倍もある。頼みますよ」と言われました。「アンタかぁ」と思いましたが。

両国の状況の深刻さを考えると、単に規模や力の小ささでたじろいでいる場合ではありません。民間交流には、「ＷＩＮ・ＷＩＮ」の質や量の高さと、現実的な関係でありながら大変に平和的な「雛型力」があるのです。もちろんそれは、友好セレモニーイベントのレベルでは発揮されません。ダイキンや熊峰さんのような、共同事業や共同生活のレベルです。

メディアがそれを取り上げる使命に気付けば、「雛型力」はあっという間にメジャー化するでしょう。今はまだ反日だの親日だの、嫌中だの親中だのとやっていますが、そんなのはどっちでもいいのです。親日と親中の交流イベントをいくらメディアが取り上げても、ちょっとでも反日嫌中の動きがあれば、あっという間に活動が制限されてしまうのも、「親」や「反」に答えがあるわけではない証拠です。

答えや力があるのは「親・反」ではなく「長・短」、即ちダイキンや熊峰さんのような、両国民の「喜」と「楽」の長所と短所の組み合わせ方を示す「雛型」なのです。その担い手は、自ずと政府ではなく、私たち民間ということになりはしないでしょうか。

そして、その私たちが「雛型」になるためには、まず私たち自身が「親・反」の印象レベルの価値観を改め、実質的な「長・短」を知ることです。それを抜きに、メディアが「親・反」から「長・短」になることも、国家間が「親・反」から「長・短」になることもありません。

逆を言えば、私たち自身が「親・反」の印象レベルから「長・短」の実質レベルに深めると、思っている以上にメディアを変え、国を変え、日中関係を変えることになるでしょう。

世界から様々なことを取り入れて飛躍を遂げて来た私たち日本人。その中でも特に影響が大きかったのが、かつては中国、戦後はアメリカという二大「喜」国であったことは、私たち日本人の「楽」さを象徴もしているようにも筆者には映りますが、今こそ私たち日本人は、再び中国との関係を「楽」と「喜」の関係から「和」と「躍」、即ち筆者のいう「調和」力と「飛躍」力の関係に成長させる時が来ているように思うのです。

喜
飛躍
創造・自由・希望
意欲・飛躍・開拓
止観
正直・畏敬・無私
愚覚・同伴・簡素
貪欲
歪曲・優位・欲得
独尊・支配・貪り

3章 韓国の「怒」

瞋恚

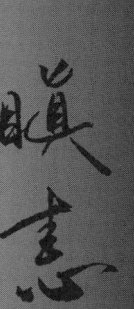

韓国船沈没事故が象徴するもの

目の前で300人以上の乗客を載せたまま沈んでいくセウォル号。その光景は、遺族にとっても、テレビを通して見ていた世界中の人々や私たち日本人にとっても、「無力」を象徴する光景以外の何ものでもなかったのではないでしょうか。

遺族の怒りの矛先は、船長に留まらず、政府や大統領など、責任者と思われるあらゆる人や部署に及び、救助にあたっていた海洋警察にも及びました。

この海洋警察とはどんな部署かというと、私たちにも馴染みのある活動は、中国船の韓国領海内での違法操業への対応。事故対応はどちらかというと不慣れでした。それなのに、軍の専門ダイバーや日米の支援を断ってしまったので、そこに遺族や世論の怒りが向かったわけです。

まるで、救助当事者が全員時間の魔法でフリーズしてしまったかのような今回の惨事。一体、何がどうなったらこういう惨事になるのでしょうか。

原因については、「経済優先の弊害」などと言われていますが、それではあまりにも月並みで、そんなことを言ったら何でもそれで説明がついてしまいます。

また今回の件で、韓国は船長や責任者がすぐ逃げるというイメージが内外についてしまいましたが、これも世界中の客船事故で散見されることで、韓国だけが特別ということではありません。ですから、「究明された原因」というには、あまりにも無意味です。また、「杜撰だったからだ」というのも、なぜ杜撰だったのかを問うているわけですから、「原因」としては論外です。

実は、逃げた船長を含めて、海洋警察や政府、大統領たちの「動機」をたぐっていくと、この事故の原因や、韓国という国の特徴と言い得る、ある共通の行動原理、物事の受け止め方の違いが見えてくるのです。

船長が先に逃げる様子を見て、まさか「正義感の人」、「責任感の人」と思う人はいないでしょう。そしてそれを真っ先に糾弾する大統領を「正義感の人」、「責任感の人」と思う人もいないでしょう。しかし、そうだとすると、おかしなことがあるのです。

韓国は、行ってみればお感じになると思いますが、本来何にもまして「正義」や「責任」を問う気風の国です。ですから韓国の責任職は、大統領であれ船長であれ、即失脚や〝万死〟に直結している席です。それなのに、わざわざその恐ろしい立場を、不正で無責任な人が好んで務めたがっているというのは、理にそぐわないことになってしまうのです。

では、「お金や権力のためだろう」ということになりますが、過去の大統領が軒並み被告人席に立たされていることや、自殺者も出たことを見れば、その恐ろしさはそれでは済みません。ここに韓国の、韓国人でさえよくわかっていない「カラクリ」があります。

そうです。筆者はあの船長や大統領を、ある意味では「正義感の人」、「責任感の人」であると言わんとしているのです。実は正義感や責任感というものは、当然のように持ってしまうと、逆に最も無責任な結果に至ってしまうという妙なカラクリがあるのです。

正義感こそが不正、責任感こそが無責任を生んでいた

そのカラクリを大まかに説明すると、「正義感」や「責任感」とは「人任せではないこと」と思いやすいものです。既にここにカラクリがあるのですが、つまり自分一人でどうにかしようとしがちになります。ですから、「これは自分にはどうにもできない」となると、彼らの心の中では、任務中止に追い込まれたと絶望的になり得るのです。

しかも（当人からすればですが）いつの間にか協力者を遠ざけてしまっているわけですから、任務中止はあっという間にやって来る上に、国や国民性自体が「正義」や「責任」

を問う気風ですから、その任務中止者を「不正」「無責任」と断罪して、「次はもっと正義感や責任感を持った人を」という風にエスカレートしてしまうのです。

船長の正義感が絶望に反転した片鱗が、「動かないでください」という乗客への繰り返しの指示に現れているような気がします（その後の地下鉄事故でもこの「動かないでください」という指示が出され、執筆中の今日も、地下鉄のボヤで再び同じ指示が出されたようですが、いっこうに救助は行われなかったそうですから、韓国にとってこの指示とフリーズの組み合わせは、沈没事故に留まらない意味深さを孕んでいるようなのです）。筆者のようにもともと韓国の人ほど正義感や責任感が強くない人間が船長ならば、ノーアナウンスで逃げるか、「自分で避難して」と言い放って逃げます。正しい指示だったかどうか、それが乗客の死につながったという事実を一旦横に置いて考えれば、最初から正義感や責任感がない人なら「動かないでください」とは指示しなかったようにも思えるのです。

そうは言われても、読者の多くがまだ腑に落ちないことでしょう。何となく理屈はわかったという読者でも、乗客より先に逃げ、しかものうのうとお札を乾かしていた船長を、さすがに「正義感の人」、「責任感の人」というのは暴論だと思われるのではないでしょうか。

では、逆になぜのうのうとお札を乾かしていたのかという観点から考えてみましょう。

韓国の人々ほど正義感や責任感の強くない筆者なら、どんなに体力を消耗していても、その濡れたお札でタクシーを拾うなりして真っ先に現場から去ります。

また、救助される瞬間は仕方がないにしても、カメラだらけの陸で、あんなに顔を晒してうろつき回りませんし、ましてや医者になどかかりません。乗客のふりをして治療を受けていたと報道されていますが、それは罪から逃れるためならむしろ逆効果であることは、そんなに頭が良くなかったとしても、自分の身に降り掛かることだということからしても、事故の重大性からしてもわかるからです。

ここに考えるべき矛盾があるわけです。あの時船長は、少なくとも「不正」「無責任」とは別の心理状態だったことになるのです。

また、軍の専門ダイバーを待機させてしまった海洋警察や、日米の支援を断ってしまった政府についても同じことが言えるでしょう。

韓国の気風を肌で感じていない私たち日本人なら、メンツやプライド、あるいは反日感情だろうという分析になりがちですが、反日ならアメリカを受け入れればいいわけですし、そもそもメンツやプライドよりも、救助失敗の咎《とが》の方が何倍も恐ろしい状況だったことは、政府の責任関係者が、自身への咎を恐れて真っ先に現場に赴いたことが示している上に、メンツやプライドを考える暇などない状況でもあったのです。

ですから、協力をことごとく断ることになった動機が、少なくともメンツやプライド、反日とは、かなり次元が異なることだったように筆者には思えるのです。そこはシンプルに、「そのときはみながバラバラに動くと解決できなくなると思ってしまった」と見なければ辻褄が合いません。つまり、最初は自分で解決しようという気があったわけなのです。

ただ、そうだとして私たち外国人は、「ならばどう解決しようと思っていたのか」という点に違和感を覚えるわけですが、これについては、その瞬間船長も海洋警察も政府も、「どうしていいのかはわからないが、責任からは逃げられない」という絶望的な心理に囚われて最善の策を探す思考がフリーズしてしまっていたと考えなければ、辻褄が合わないのです。

ですから、「無責任国家だからあの惨事が起きた」という私たちがしがちな分析は、それではなぜ無責任になったのかがわからないことからも、結果論でもない限り意味を持ちません。どうやら船長や海洋警察、政府の対応を見ていると、彼らが本来抱いていたであろう「正義感」や「責任感」が、なぜ「不正」や「無責任」といわれる結果につながってしまったかという視点から見ないと、彼らの数々の不可解な行動を完全には説明できないのです。

なぜ事故の専門対応機関が無かったのか

また、一見その「正義感や責任感が不正・無責任を生む轍」論とは別の問題に見える、「なぜこの事故の専門対応機関ではない海洋警察しか無かったのか」という点。その「正義感・責任感論」と別の問題ではありません。

韓国のメディア自体が「三流国家だった」などと分析していることから、発展度合いの問題と思っている日本人が多いと思いますが、これはある意味、誤解といえるかもしれません。というのは、私たちの日本とは道が違うのであり、日本は日本で「安心願望が安心崩壊を生む轍」に蝕まれており、米中は米中で「発展願望が発展崩壊を生む轍」に蝕まれているのであって、そこに韓国と比べて進んでいるも遅れているもないからです。

ではなぜ韓国の「正義感」や「責任感」が、事故の専門対応機関が無かったことにつながるのか。

その感覚をつかむために、まずは読者が正義感や責任感に燃えたときのことを思い出して頂きたいと思うのです。正義感や責任感に燃えた分だけ、周囲が不正、無責任に見えやすくならなかったでしょうか。かつて学生運動に身を投じた世代の読者なら、それが正義だと思った分責任感が増し、責任感が増した分、周囲の人が堕落して見えたのではないでしょうか。正義感や責任感とは、そういう性質のものなのです。

嵩じれば、「被害者意識」や「敵視」に至り得ます。日本のように「正義」や「責任感」が比較的ファジーともいえる国民性では、「まあいいか」とか「あの時は若かった」とかで大方終わってしまいますが、国民性が「正義」や「責任」にこだわる国では、「被害者意識」や「敵視」が色濃く残ります。そしてそれが次なる「正義」や「責任感」を生むわけです。

韓国がそうだとすると、ではなぜそうなったのか。地続きである上に半島でもある韓国。長らく中国や日本、あるいは諸民族などの敵に囲まれ、いつ侵略を受け滅ぼされるかわからない上に、仲間割れも狙われる立場や地理的条件だったことで、外敵から国や同胞を守る「正義」やその「責任感」が特化した部分があるのです。

実際、幾度も侵略されましたし、仲間割れもしましたし、滅びもしました。その時、盛り返すために必要なのは「敵を許さない」「この現状を許さない」という団結心になります。つまり「被害者意識」や「不満」「敵視」などの「怒」の気質が戦略上も必要だったということです。その長い歴史の積み重ねの上に、今の韓国があるわけです。

これはもちろん北朝鮮にも言えることで、しかも韓国のように豊かになりませんでしたから、その傾向は一層激しいものになり、今日の関係諸国への「敵視」政策になっているわけです。

ポイントは、その「正義」や「責任感」が、どうしても「外敵対抗型」になってしまうことです。ですから、外敵でも侵略でもない今回の事故に対して、いわば「外敵対抗型」の海洋警察以外に結果として救助にあたる者がいなかったことは、ある意味では宿命的な歴史の必然だった上に、韓国にとって実に象徴的な光景だったわけです。

そうです。それが韓国の人々と私たち日本人との違いであり、筆者が旅で感じたこと、「喜怒哀楽」の「怒」のカラクリなのです。韓国は今、この「怒」のカラクリ、悪循環に気付き、「責任感型」から真の「責任型」、即ち「外敵対抗型」から「協力受け入れ型」に発展しなければならないことを、セウォル号が悲しいまでに象徴していたのです。

韓国ドラマが象徴するもの

日本の女性たちが夢中になる韓国ドラマは、この「正義」や「責任」などの、韓国の人々の「怒」の気質を大変に象徴しています。

まず、主人公が幼少期にやけにむごい仕打ちに遭うもの、仇は大財閥や政府要人という話が大変多いのですが、そうすることで、主人公が「正しい側」ということが定められるわけです。

涙あり笑いありのようなドラマでも、主人公が「正しい人間」であることを表すために悪役が登場します。これは視聴者、即ち韓国国民たちが自身を「正しい立場」に置かれることを好む証拠です。

日本にも水戸黄門のような勧善懲悪ものは山ほどありましたが、廃れてしまいました。ですから、韓国の人々もいつかは同様に飽きるのだろうと思っている日本の視聴者もいるかも知れませんが、そこが「楽」の国と「怒」の国の差で、必ずしも飽きるとは言い切れません。

主人公が正しいだけではありません。嫁姑の確執ものでも、家を出ればいいものを、家にいて陰湿ないじめに遭いっぱなしのものが大変に多いのです。

これは、親を捨てて家を出ることは「不正」であるというような価値観が背景にあるからで、設定として嫁を家から出す必要がある場合は、大変な儀式を踏まねばならず、何十話も経ってから出ます。つまり、これだけいじめられれば、視聴者も「そりゃ出るわ」と味方してくれるだろうという儀式です。

王室モノではトンイ（同伊）の「張禧嬪――チャン・ヒビン」のような陰謀ものが多かったりしますが、その陰謀に周囲や宮廷が気付くのがやけに遅く、ほとんど最終話までいってしまったりします。なぜ気付かないかといえば、ドラマだから引っ張っているのだという面の他に、やはり色々な「正しさ」の価値観があって、それに引っかかって気付かないわけです。

その鈍感さが視聴者のイラダチにつながらない点に、やはり韓国社会の「正しさ」に根っからこだわる「怒」の気風が表れているわけです。

もし主人公が、仇をとろうと奮闘した結果、実は仇は善人や恩人だったみたいな設定のドラマが登場し出したら、韓国社会は変化の兆しを迎えたと見ていいでしょう（笑）。それは恐らく、あるとしてもまだまだ遠いと思いますが。

韓国のこれから

では韓国の人々は、これからどうすればいいのか。日本人に言わせると、「もっと仲良くすればいいのに」みたいな、「楽」ののん気な他人事になってしまいがちですが、筆者は今後も韓国の人々が「正しさ」、即ち「正義」や「責任」にこだわって良いと思うのです。ある意味では、「従軍慰安婦の問題」にさらにこだわっても良いし、対日米中朝の様々な問題にも突っ込んで、一体何が「悪」なのかを、徹底的に正確に探求しても良いと思うのです。

敵と敵が睨み合う戦国時代なら、「喜」の中国にも「楽」の日本にもあったのに、どちらの国も「怒」の気質には変わらなかったように、韓国が「怒」の気質の国である以上、他に変わることはないからです。そして、そうだからこその先に、ある意味では韓国の人々にしか見つけられない大切なものがあるからです。

但し、条件は「自分の方がすべて正しい」というオチが決まってしまっていてはならないことです。それでは、韓国の政治も経済も「被害者型」「悪人・外敵対抗型」の轍から脱することはできません。外敵ではないはずの国内の「責任」者たちまでもが、今回の事故のようにその不動のオチを恐れてフリーズを起すからです。

また、そのオチを当然視する気風だと、悪人や外敵からの被害や危機ではない話になった場合、目的を持ちづらいなどの弊害も出てきます。それだけではありません。なんと、敵ではなかった他人や他国を敵にしてしまう可能性すらあるのです。「壊さなくて良かったものも壊す破壊の現実」です。

最近の日本の豹変ぶりは、私たち日本人の「楽」の気質や、それゆえに次々に登場してしまう「喜」のリーダーたちの独尊や優越感という内因から生じた問題であると同時に、外因としてはその一因にそれがあるわけです。日本国や日本人を丸ごと「悪」と見做してしまうために、日本人の中の敵ではなかった多くの人々まで憤慨し、「やったれ」と思うようになって来てしまいました。

ネトウヨや大久保で繰り広げられるヘイトスピーチなどは、それ自体に弁護の余地はありませんが、そうした弁護の余地のないものまでも外因として引き出してしまうのが「被害者意識」です。そして、「被害に遭ったのはこっちなのに、さらに被害に遭った」と感じるため、余計に被害者意識が増幅する悪循環です。

一体「正しさ」とは何なのか。今の韓国は、それをちゃんと突き詰めようとしていないという意味で、「怒」の「楽」とも言うべき状態にあるといえるのかも知れません。北朝鮮と見比べてみれば、格段に豊かになった韓国。そうすると、どうしても発生してくるのが「楽」の気風です。「楽」の国の「楽」とは全く違って、あくまでも「怒」の「楽」なのですが、今回のセウォル号沈没事故の背景にあった、異常な過積載や杜撰な搭載方法などは、「怒」というよりはむしろ「楽」が起こしがちな症状だとも言えます。

　ですから、今こそ韓国の人々は、「楽」からも「怒」からも脱し、即ち「自分が正しいことを証明するための正しさ」から脱し、本当の正しさを探求し、筆者のいう『厳』の役割を担い得る国になって欲しいと、僭越ながら筆者は切に願うのです。それは決して、日本や中国、米国にはできないことです。

　そしてそれが、北朝鮮の人々を救い、南北統一を果たす唯一の鍵でもあります。「怒」の人、「怒」の国を真に救えるのは、「怒」を自覚した『厳』の人、『厳』の国だけだからです。

　また、韓国が「怒」ではない中国や日本、米国と、自他ともに納得できる関係を結べるとすれば、それは「怒」の韓国ではなく『厳』の韓国です。ですから、今回の客船事故の教訓を、その救助体制だけを日本から学ぶことで済ませるのではなく、『厳』へのグレードアップに生かして欲しいと筆者は思います。

それが今回の犠牲者の死を無駄にしない道、韓国の人々が進むべきこれからではないかと思うからです。

「僕のことを撃ってもいいよ」

旅では、韓国でギタリストとして活動している長谷川陽平さんとミュージシャン仲間に出会ったのですが、大変絆が深いようで、長谷川さんが日本人だということで不理解に見舞われていた時代などは、その仲間が体を張って楯となったり、同居していた時代もあったと言いますから、下手な日本人同士よりもよっぽど絆が深いかも知れません。

長谷川さん曰く、ある日その親友の一人が、「もし日本と韓国が戦争になったら、僕のことを撃ってもいいよ」と言ったそうです。

親友としての思いの表明が、こういう形になったのだと思いますが、その発言が、いかに韓国人ならではの気質や価値観を表しているか。それは祖国も長谷川さんも裏切れないという葛藤の表れとも、長谷川さんを祖国と同じくらい大切な人だと思っていることの表明とも言えるわけです。

筆者は、この一言こそがまさに「怒」の〝ビフォー&アフター〟でいうアフターだと思うのです。私たち日本人が普通に日本にいる限り、特にお目にかかれない光景であり、必要もない気がするわけですが、そこに日本人にはできない韓国の人々の「怒」の様々な可能性、即ち大切なものを守ろうとするからこその様々な可能性を見ることもできるのです。

日韓の本当の力と友情のあり方

その可能性は、日韓関係では双方が「楽」と「怒」の関係から脱却すること、即ち筆者のいう「和」と「厳」、「調和」力と「厳正」力の共有関係へと成長することで開かれます。「厳正」力などというと、韓国船沈没事故などを見る限りは妙な話のように思われるかも知れませんが、むしろあの事故はその「種」なのであり、韓国の人々がそこからそれを学びとり、一歩深化し始めると、長谷川さんと韓国の親友たちの関係のように、日本人が日本人どうしでは気付きづらい責任の持ち方や守護力、表面的ではない根本的な問題の弁別力や注意喚起力などの「厳正」力を発揮し、私たち日本人もそれを得ることになるのです。

そしてそれは、日韓の長年の揉め事を沈静化や終焉へと向かわせることにもなります。戦時中の日韓関係の諸問題が尾を引いているのは、韓国がまだ「怒」だからである反面、それと均等、同等といっていいほどに、日本人がまだ「楽」だから、即ち無関心と見下しばかりで、むしろ「厳正」力と友情願望に劣っているからなのです。これまでいくらお金を支払ったかではありませんし、「解決済み」と撥ね除けることだけが毅然とした態度なのでもないのです。

ちなみに長谷川さんは、お会いしたところ日本人では珍しく「哀」の気質傾向の方で、そのコツコツ力や「楽」ではなかったこと、即ち大変に誠実に地道に韓国の人々に友情を求めたことが、韓国の親友たちとの「厳正」な絆、即ち彼らが体を張った楯になるほどの友情を深めるのに、大変寄与したように見受けられました。

では長谷川さんと違って大方「楽」の私たち日本人の場合、どのように「厳正」力や友情を得て、日韓の揉め事が終焉することになるのでしょうか。

まず、日韓のどちらから変わるべきなのか。それは双方同時にでしょう。つまり、「私たち日本人から」と考えても変わりがないということです。では私たちの何を変えなければならないのか。やはりそれは、私たち日本人の「友情」のイメージでしょう。

私たちが日本人どうしで「友情」を結ぶ場合、大方は一種の「許し合い」のようなイメージがないでしょうか。欠点を逐一言い合うとなると、言っても変わるものではないだろうし、気も許し合えず、気楽な関係ではなくなるからです。

つまり私たち日本人の多くは、特に現代では「友情」と「厳正」とを関係が深いものと思っていないわけですが、長谷川さんとその親友たちのように、韓国でも私たちと同じとは言えないということです（そもそも私たちは日常「厳正」さなど考えもしませんが）。

わかりやすく、韓国ドラマを例に見ても、なんとなく気の合う仲間などという設定は徹底的になく、血のつながりか同志といった関係が多く、それも敵対から友情へというものが異常に多く、関係の転換にも１００話の時間をかけるほどです。つまり韓国では、私たち日本人と比べて、「友情」には「厳正」な根拠が必要なわけです。

さらにわかりやすく極端にいえば、韓国の人が私たちに不満や被害者意識をぶつけて来たら、大まかには私たちに友情や絆の入り口を開けたと思って良いということです。もちろんそこから友情までの道のりは、ドラマ同様決して短くも平坦でもありませんが、それも言い換えれば、その道のりを私たち日本人の多くのように疎むようでは、知人にはなっても親友にはならないということです。

この明らかに「楽」とは違う友情のあり方や「一理」を想定しておくことが、私たち日本人がまず一つ、私たち自身にとっても必要な「厳正」力、即ち「楽」から「和」への深化の部品を得ることなのであり、しかもそれは韓国人との個人間の友情にも、国家間の友情にもそのまま言えてしまうことなのです。

今回の執筆中にも、韓国の最高裁が、戦時中の強制徴用者の個人賠償の権利が残存するとの判決を出しました。近年こうした訴訟が相次ぐ中で、私たち日本人の多くは「まだ言っているのか」「蒸し返して金を取る依存から抜けられない国」などという印象を持ってしまいがちです。

しかし実際韓国では、日韓関係を悪化させたくないという人が、経済の問題に限らず大変に多いのだそうです。

ではなぜ今頃訴訟が相次ぐのか。このことに関しては、最近の中国の訴訟合戦と一緒くたにしている読者もおられるでしょうか。しかし中国と韓国とでは、その動機が「喜」と「怒」の分まったく違うのです（ですから、訴訟合戦が中韓同時であることは、むしろこちら側の「楽」に一因があると考えた方が辻褄が合うくらいなのです）。

では、韓国の場合の「動機」は何なのでしょうか。俄《にわか》には信じられないでしょうけれど、そこには韓国の人々の「厳正」力の種や、なんと日本人と関わりたいという裏返しの思いがあるということなのです（無意識にですが）。そして、そこが中国の訴訟の動機とは違う点でもあります。

もし本当に日韓関係を良くしたい日韓双方の有志や有識者がその諸問題を詰めたとしても、そこには過去の話で済ませない部分、あるいは善悪や加害被害の見方を超えて、済まさない方が良い部分があるのだということです。

今日本では河野談話の再検証が行われていますが、仮にもしそこから当時の「まあこの辺が落としどころだろう」というニュアンスが少しでも出て来た場合、今やそれでは日韓関係の問題が消えて終わってくれることはあり得ません。また、私たちの「まだ言っているのか」という受け止め方についても、それは被害を受けたと思っている人々の側の話ではないことと、積極的にそのテーマで関わろうとしていない態度である時点で、「楽」の受け止め方でしかないと言わざるを得ません。

ですから今や私たち日本人の側も、「仲良くすること」の印象の逆に、「何が事実で事実でないか」を、「楽」の受け止め方を超えて積極的にとことん詰めなければならなくなったのです。しかしそれ自体が、実は私たちが「厳正」力を得ることであり、韓国の人々の中にある被害者意識と「厳正」力のうちの後者を呼び起こす行為なのであり、しかも日韓の「友情」へとつながる道である可能性もあるのです。

これは日常も周囲も「楽」ばかりの私たちからすると、ただ不安を呼び起こす行為でしかありませんから、相手が変わるのを穏便に待とうとしてしまいます。ところがそれでは、慰安婦像の問題や、安重根をめぐる韓中外交やサッカーでのサポーターの振る舞い、竹島をめぐる態度などのように、先方の被害者意識や敵視の表明が止まりません。

それを見て、韓国は変わりっこないと、私たちが「怒」の被害者意識をもらってしまうのでは話にならないのですが、案の定私たち日本人はそうなって来てしまっています。

実はそれは彼らがまだ「怒」の被害者意識から守護力や注意喚起力などの「厳正」力を使ってしまっていることのあらわれなのだということを、私たちはいい加減知らねばならないのです。つまり彼らの被害者意識や敵視の表明は、彼らの「厳」の次元の「厳正」力の種なのだということに、今私たちは気付かなければならないのです。

そしてその上で、まず私たち日本人の側から関係処理的な「楽」の態度を脱し、「厳」の次元で「厳正」に接しようとすることなのです。そしてそれこそが、日韓関係の場合における私たち日本人の「調和」的な韓国との関わり方、即ち「和」の次元での韓国との関わり方なのです。話を温和にしようとすることだけが「和」でも「調和」でもない上に、それで相手を大人げないと断罪しているようでは、むしろ「和」も「調和」もないということです。

言い換えれば、私たちは韓国人に対して、ちゃんと日本人をしていないということなのです。ちゃんと「和」の日本人をしてみると、拍子抜けなことに、なぜか日韓の揉め事が終焉し、韓国人もちゃんと韓国人の友情を示して来てくれるようになるということなのです。

ですから今日韓の間で起きている様々なことは、どれもお互いがちゃんと日本人と韓国人をし合えるようになるために、双方が「楽」と「怒」から脱却すべきときを迎えていることを告げるために、他でもない形で必然的に発生していると見ることも可能なのです。

怒
嚴正
責任・守護・弁別
正義・勇気・喚起
止観
受容・共感・内省
砕身・愛語・献身
瞋恚
拒絶・批判・不満
頑固・正論・荒れ

4章 日本の「楽」

睡眠

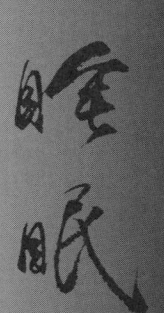

日本の長所は「消極親切」？

海外の旅では、実に様々な素晴らしい「積極親切」に出会いましたが、これは逆に旅する日本人にとってはエネルギー消耗でもあります。旅の最中、日本人の多くは、そんなに他人からものを貰いたい、話しかけられたいと思っているわけではない上に、他人に迷惑をかけないことに価値観があるため、日常も他人とガッツリ関わることに慣れていないからです。

ですから筆者も、帰国するといつも、海外の人々の「積極親切」のありがたさが懐かしく思い出されると同時に、日本人の「消極親切」にホッとしたものです。日本人の「消極親切」とは、外国の人々に比べて距離を置いてくれること。放っておいて欲しい時に放っておいてくれることです。

これは日本人が公に嫌な音や匂いを出さなくなったことにもつながっていて、その分日本は静かで清潔で居心地が良く、気楽で面倒がありません。外国の人などは日本の電車（特に東京）に乗った時、まずその、まるでお葬式のような静けさにびっくりすることが多いようです。

そしてこの「消極親切」はもちろん、日本の「便利」「安心」とも関係があって、何も海外のように、あれこれと「おもてなし」されなくても十分に用を足せる上に、治安や身の回りのものが故障することなどの心配も少ないので、その静かで放っておける「消極親切」が成立するわけです。

私たちが他人にものをあげる時でさえ、「つまらないものですが」などと言って、相手に感謝を強制しないようにするわけですから、それも一種の「消極親切」です。

つまり私たち日本人の親切は、「相手を煩わせないための親切」と言い換えることもできるわけです。もちろん、海外の人々も相手を煩わせないようにすることはありますが、国全体の国民性のレベルになっている国ともなると、少なくとも自分の旅の経験上はありませんでした。

ですから、私たち日本人のこの「消極美」ともいうべき親切のあり方は、世界に類例を見ないものだと言っても過言ではないのです。

日本の短所

では、逆に何が日本の欠点かというと、その「消極さ」が欠点でした。

私たち日本人の多くが、自分自身にそうして欲しいからそういう親切になるわけで、世界と比べた場合、私たちが、自分の安心や安定の範囲を超え出る人間関係は面倒と思っているのと、大変に似てしまうのです。

もちろん私たち自身はまさかそんな冷たいことを思っている覚えはないし、それはあくまでも世界と比べた場合の比較論だろうと思うかも知れませんが、仮に読者も今世界を巡ってみれば、その「比較差」があまりにも顕著で、単なる「比較差」では片付けられないことに気付かれるでしょう。

海外に出て比べなくても、何か新手の病気や被害に遭ったり、大切なチャンスに気付いたり、悲しい現実を目の当たりにしたりした人は、突然そのことに気付かされてしまうでしょう。日本では多くの場合、そうした人たちがまずはかなりの不理解や無関心の孤独から、その認知や解決を始めなければならないことがそのあらわれです。

自分の満足している現状が維持できる限り、面倒なことや人にはなるべく関わりたくない。危機は誰かが処理しておいて欲しい。チャンスも、せっかく慣れ親しんだこの生き方や現状が変えられてしまうくらいなら、むしろ邪魔や面倒でしかない。

私たち日本人のうちの、決して少なくないそうした「ありがたくない本音」が、いかにコミュニケーション不足やセクショナリズム（縦割り）、もたれ合い、安心を与えてくれそうなものへの依存という形で、今の日本の国際問題、国内問題、職場問題、教育現場の問題、家庭の問題などの、あらゆるジャンルの問題に分け隔てなく表れているかです。

もちろん世界の人々の方の積極的な関わりも、国で見た場合に過干渉や優位競争のような「短所」として現れるのですが、では私たち日本人の方の消極的な関わりが「長所でもある」と片付けるだけで済むものかというと、残念ながらそういうわけには決していかないのです。

問題はその世界の人々の方の積極さも、日本人の方の消極さも、ほとんどの場合当人が無自覚である点です。周囲が基本的にみな同じなので気付かないわけですが、それを無自覚なままだったり、自分の良いところだと思い込んでいると、最終的には短所の方の末路をたどってしまうのです。

日本の短所の特異さ

今、世界で深刻な問題を抱えていない国は、一体何カ国あるでしょうか。自分が巡った国々では、一カ国もなかったと言っていいでしょう。

最も多くの方が番組でご覧になったであろう中国も、ご存じの通り問題だらけでしたし、アメリカもあらゆることが格差でがんじがらめになっていて、もはやそこからの脱却は不可能な状態でした。

また、イギリスやスペイン、イタリア、ギリシャも、それぞれに付け焼刃の対策では好転し得ない様々な衰退因子を抱えていました。

その上、世界は気候変動に伴う新たな問題を次々に抱え始めていて、恒久的な楽観要素を持ち合せている国は、一カ国もありませんでした。

そういう意味では、同様に様々な深刻な問題を孕《はら》む日本は、世界と何も変わらないように見えます。しかし一点だけ、日本が特異な点がありました。それは、世界各国がこうなってしまった原因を、例えば「天災」と「人災」というように分けて見た時に、世界の「人災」は「わからずにやってしまった結果」が多かったのに比べて、日本の「人災」は、

「わかっていてやらなかった結果」の方が多いのです。

例えば、アメリカといってランダムに浮かぶ「有事」といえばベトナム侵攻やアフガン侵攻、イラク侵攻、経済問題ではサブプライムローンなど、中国でいえば文化大革命や高速鉄道事故、ＰＭ２・５や貧富の格差拡大などがありますが、それらはどれも、「やったらどうなってしまうのかがわからずにやってしまった結果」の方の「人災」と見ることができます。

一方日本は、地震津波大国のリスクを放置した結果の原発事故、保線作業を放置した結果のＪＲ北海道の相次ぐ事故、ストーカーを放置したための殺人事件、十分ないじめ対策を講じなかった結果の被害者の自殺――、ランダムに例を挙げても、「わかっていてやらなかった結果」の方の「人災」がダントツに多いのです。

ちなみに、かつての日本の満州や朝鮮への進出は、「わからずにやってしまった結果」のような印象を受けますが、詳しく知れば知るほど、実はそれすら、「わかっていてやらなかった結果」の方に性格のウェイトがあることがわかって来ます。

ここが日本も世界もよくわかっていない点で、問題の本質を曇らせている原因であり、今日の中国の反日カード化や前述の韓国の止まらぬ訴訟、それに対する日本国内からの右傾世論の台頭、かつての列強との間の不平等の論争を招いている原因になっていると言っても過言ではありません。

というのは、この進出は、やったらどうなってしまうのかがわからずにやってしまった方の「野心」的な側面も当然あったのですが、それをほぼ放置してしまった元凶と言っていいほどの、そもそもの日本国家の意思決定システムの致命的な欠陥があり、その欠陥さえも、長い間わかっていて改善されませんでした。ですから、そちらの方にも焦点を当てなければ、日本の中韓との歴史問題の是非、ひいては第二次大戦の全貌は、永遠につかめないと思います。

実は最近、当時の日本政府が、原爆投下を事前に知っていたことが判明しました。つまり驚くべきことに、日本政府はそれなのに降伏を決断できず、人々に知らせもせず、あれだけの人々がただ被爆することになったわけなのです。

満州・朝鮮への進出、日米開戦、原爆投下と、始めから終わりまでどの局面においても、ついに計画といえる計画や、対処といえる対処、決断といえる決断が見当たらなかった当時の日本。私たち日本人の「わかっていてやらない」は今に始まったことではなく、しかも一旦そうなれば、相当重傷のレベルに陥るということです。それは今も一切変わっていません。

これでは仮に富士山の噴火や南海トラフ大地震を奇跡的に予知できたとしても、パニックがどうのこうの、データの正確さがどうのこうのといって、また私たちが知らされることがない「まさか」や「想定外」があって、実は一切の不思議はないのです。ちゃんと知らされたとしても、それは「普通」なのではなく、そこには予知技術以上の「奇跡」があったということになるのであり、今その「奇跡」を起こすためにも、私たちは「ことづくり」をしなければならないのです。

今この現代日本にあふれる様々な社会問題から、日本の歴史を彩って来た様々な大事まで、一見関連性や一貫性があるとは思えないそれらを、私たちが何らかの形で今後への教訓にしようとする時、実はわからずにやってしまったことよりも、わかっていてやらなかったことの方にそれがあるという点。それが私たち日本人の短所であり、特異さでもあるのです。

日本人は後悔できない

そしてその特異さが、私たち日本人の過去の後悔のしづらさや、教訓に生かせない原因になっています。

残念ながら日本で流行る言葉というのは、「楽」からのものではないかと注意しなければならないものが少なくないのですが、最近日本では「後悔したくない」「後悔しないように」という表現が大変に増えてきました。しかし「後悔」は必ずしも悪いものではなく、むしろ後悔できるようにならなければ切り開かれない未来も決して少なくありませんから、「後悔したくない」「後悔しないように」は必ずしも「前向き」「ポジティブ」とは限らないということです。

現に結局原発政策も元通り、政権も元通り、テレビや視聴者のお気楽信仰も元通り、箱モノ経済も縦割り行政も元通り、借金頼み財政も元通り、アメリカ依存や東京依存も元通り、果ては武力信仰も元通りで、私たち日本人はちゃんと後悔できたのか、大変に疑わしい状態です。

なんだかんだ言って、すべてが元に戻るだけなのはなぜなのか。それは、東電が悪い、いや政府の方が悪い、官僚がもっと悪い、バラ撒きが悪い、既得権益が悪いと、私たちは犯人や問題行為を探すのですが、実はそれは原因ではなく結果に近いもので、本当の原因は特定の人物や行為ではなく、むしろ私たち自身が「無行動」だったからなのです。

また、その「私たち」という犯人の不特定多数さも、反省のしづらさや、教訓に生かせない原因につながっています。最近は報道でも、「これは私たち自身の問題」などといったスタンスのコメントが増えましたが、その先がありません。「犯人」を私たち自身としたところで、「問題行為」がないからです。

「無関心」や「先送り」と名前をつけてはあるのですが、いかんせん自分で悪意と思えるほどの明確な意ではない上に、「無関心」や「先送り」をした理由が、大事さや切実さが実感できなかったところにあり、それも悪意と認識できるものではないため、どうしても関心を持つ、今やるという風には転じられません。

ですから、私たちは問題を問題として共有できません。実現目標を実現目標として共有できません。結果すら結果として共有できません。

すると当然、計画が生まれません。新しく必要な行動も生まれません。事件や事故になって、ようやく問題と認識し、そこからどうすればいいかと考える。当然それは場当たり的な対処の範囲を超えず、根本解決はまた誰か専門家や当局がするものと考えてしまう。その際限のない受け身を私たちがいかに自身の問題であるか自覚するには、あまりにもそこに自分の問題意識や悪意の痕跡が無いため、後悔や改善のしようがないのです。

これが本書のいう「楽」の症候群です。もちろん筆者が考えたのではなく、仏法に『睡眠の煩悩』として既に説かれているわけですが、二千年以上前の古い話でありながら、悲しいまでに今の私たち日本人を説明し切れてしまっているのです。

ということは、二千年以上前から、同じ症候群に陥った例がたくさんあったということになるわけです。ではそれらは、一体どんな結果や末路をたどったのか。

歴史をひも解くと、実はこれは国や文明が最期に迎えるステージで、ここを超えて存在した例がありません。自国よりも強大な国を打ち破ったり、崩壊寸前の国内体制を大改革によって立て直した例はあるのですが、国民が「楽」、即ち『睡眠の煩悩』に陥った上で国や文明が存続することは、その奇跡さ以上の奇跡になってしまうようです。

そう聞いて、「それはちょっと極端だろ」と思われる読者もおられるかも知れませんが、実は滅び去ったそれらの国や文明の人々も、残念ながらその末路が同様に極端に思えたことが、滅亡の原因でした。つまり、不安材料が見えなくなってしまったこと自体が滅びの原因だったわけです。

細かいことを言い添えておくと、不安材料が「とんちんかん」になるという方が正確です。今の私たち日本人が、中国や北朝鮮の脅威、火力発電燃料費の増大による経済への影響、福島の風評被害などを注視しているように、自分はちゃんと不安材料を見据えているつもりでいるのですが、本当に不安材料としなければならないことは全く別のところにこそあったと、後から気付く感じです。

その結果、まさかの想定外が繰り返され、あれよあれよという間に内部崩壊を起こしてゆくのです。ですから筆者は、「安心」という言葉がことさらに流行っている今の日本が怖くて仕方ありません。

もう少し細かく言えば、「安心」を本来あるものと考え始めた私たち日本人のスタンスが恐ろしいのです。それは歴史上「あれよあれよ」のスイッチであり、そう考えてしまった国民を変えることは、強大な敵国の軍隊を打ち負かすよりも困難なのです。

「楽」は「喜」に頼る

私たち日本人の歴史は、ずっとその繰り返しです。「安心」を本来あるものと考え始めると、必ず国難に追い込まれます。

例えば黒船。いまだ多くの人が突然現れ、日本の大転機になったように思っていますが、実は少なくともその16年前には、普通なら日本人が危機感を持たなければならない、アメリカ商船の来航という出来事がありました。

また、他にも外国船の来航や接近は何度もあり、オランダ筋で列強の情報が様々に入ってもいました。ですから見ようによっては、日本が列強の危機に気付かない方が不思議なほど、様々なチャンスやタイミングがあったのです。

しかし元禄の「太平」を謳歌して来ていた人々は、望遠鏡で軍艦見物を楽しんだり、外国人の絵が飛ぶように売れたりと、のん気としか言いようのない有様だったそうで、もはや幕府が隠蔽したからというだけでは済まされない状態だったようなのです。

現代の私たちまでそれを「幕府のせい」とか「鎖国のせい」とか、「結局志士が解決したから良かった」とかとのん気な解釈をしていますが、仮に当時の志士が今の時代に生きていたとすれば、「皆があまりにものん気だったから我々が命がけになってしまったんじゃないか」と、全く逆のことを私たちに語るかも知れないのです。

私たち日本人はいつの時代も、自分で危機やチャンスをキャッチして計画的に行動するのではなく、それをしてくれそうな誰か、安心をくれそうなリーダーや寵児、即ち「喜」に頼るのです。

それは現代も全く変わりません。国のリーダーや時代の寵児とされて持ち上げられる人たちはみな「喜」の人ばかりです。よく政治家の失言がニュースになりますが、「女性は子供を産む機械」「あれ（田中眞紀子議員）は劣性遺伝」「風俗を活用すればいい」発言などに象徴されるように、その多くが差別・蔑視的なものであることは、実はそのことを示唆しているのです（ちょうどこの執筆中にも、都議会でみんなの党の女性議員が「早く結婚した方がいいんじゃないか」というヤジを受け、世界中に波紋を呼んでいるようです）。

そして私たちは、「別に自分が選んだわけではない」と思っているのですが、実はその意識こそが、「強いリーダーシップ」や「タカ派」やらと「喜」を持ち上げてしまっていることに自覚がありません。

ちなみに、筆者が見たところ、日本の人口構成を「喜怒哀楽」で見た場合、圧倒的1位が「楽」、2位が「喜」で、「怒」と「哀」はそれ以下の少数派のように思えます。ですから、いつも「楽」が「喜」に頼り、持ち上げ、「喜」が調子に乗って失言や汚職、スキャンダルなどで引っ切りなしに交代するという茶番を繰り返しているのです。

また、アメリカ（「喜」）の沖縄での少女暴行事件や、貿易摩擦の際の勝手な市場開放要求、イラク攻撃の正当性や「テロ」キャンペーンの際など、日本政府は、なすすべもなくにじり寄るかのような姿勢をとるようにも見えますが、「なぜそこまで」ということの裏にあるものは、決して必ずしも敗戦国の弱みなのではなく、むしろアメリカに対して「安心できる甘え相手」という私たちの「楽」独特の「喜」観があるからで、著書「戦後史の正体」を世に問うた元外務省国際情報局長の孫崎享氏なども、そのあたりに違和感を覚えた一人だったようです。

ですから、その孫崎氏を「媚中」などと揶揄する人もいるそうですが、そうした人たちが逆に最も憤慨するような変なことが起きないとも限りません。仮にアメリカと中国のパワーバランスや経済依存関係がさらに逆転するようなことが起き、その上、中国が日本人の「安心をくれそうなリーダー好き気質」を学びとり、軍事拡張をやめて経済で様々な餌を撒いたとなれば、私たち日本人の中からコロッと中国に媚び始める人々が続出するような事態が、残念ながら無いとはいえないのです。

「そんなバカなことがあるはずがない。だから今そうならないために政府が集団的自衛権容認に意欲を示し、日米同盟を強化してるんじゃないか」と思われるでしょうか。しかし私たちは単に、今安心と思える方の「喜」である自民党とアメリカに依存しているだけで、中国の方が「安心の喜」となれば、お得意の「背に腹は代えられない」的な方向転換も絶対ないとは言い切れません。

もちろん筆者は、アメリカに対しても中国に対しても、日本が敵がい心でも依存心でもないスタンスと関係、融和でありながら自立したスタンスと関係になることを切望していますが、そのためには何よりもまず、「楽」が「喜」に頼る性質であることと、実は私たちがそれを遠い昔からやっていることを自覚しなければならないと思うのです。

ではなぜ私たち日本人は、いつまで経ってもその轍から抜け出せないのかというと、「楽」の依存や消極をネガティブ、「喜」の独尊や野心をポジティブという解釈間違いをしているからだと感じます。

実はどちらも、ポジティブかネガティブかでいうならポジティブなのであり、しかもでは良いことなのかというと、どちらのポジティブも問題なのです。

本当のポジティブは、特に「楽」のポジティブでいえば、当事者意識、問題意識、責任感、行動を厭《いと》わない積極さに裏打ちされているはずなのです。その自身への厳しさが温和さや融和さ、調和解決という形で他者や結果に表れるのが「楽」の真の個性です。「喜」をポジティブと思い込んで頼ることではありません。

それには、ちょっとくだらなく聞こえるかも知れませんが、まず私たちは「口癖」から「楽」の自覚を始めるのも道だと思います。

「前向き」「ポジティブ」を無意味に口癖にしないこと。「まぁいいか」「なんとかなる」「大丈夫」「明日は明日の風が吹く」「まあまあそう興奮せずに」「楽しむのが一番」なども「楽」の代表的な口癖です。

「後ろを振り向かない」と言うのも口癖の一つですが、それは臭いものに蓋をしようとしているだけじゃないかと、自らに問うてみるとよいでしょう。

また、誰かに問題を提議された時、「自分はバカなんで難しいことは」とか、「真面目なんですね」とかと言って褒め逃げや謙虚逃げを図るのも「楽」の特徴です。裏を返せば、問題を提議者の性格の偏りや特徴のせいにして逃げようということです。

こうした口癖を封じてみるだけでも、無意識的な無責任な世界観がかなりの度合いで変わりますし、頼っている「喜」の人の勝手さや愚かさも見えて来るので、決して反射的に「喜」に甘えたり、その闇を助長したりしなくなるでしょう。そして徐々に、当事者意識や問題意識、責任感、行動を厭わない積極さが表れて来ます。

くだらなく聞こえるかも知れませんが、日本の対米中関係のあり方や企業業績の改善などの大きなテーマに取り組むとしても、その策は結局、「楽」の人々がこの口癖を封じることと、本質的には全く変わらない作業になるのです。

旅で見た日本人の理念

今是非が問われている脱原発や憲法9条。これを現実に即したものと思っている人はほとんどいないでしょう。憲法9条があったから日本は発展したという人もいますが、それは日米安保体制抜きに語れる話ではありませんし、脱原発も、新しい発電方法が確立しなければ、人々が現実味を感じることはないのでしょう。

では、憲法9条の理念や脱原発の意志は、さっさと捨ててしまえばいいのかとなると、筆者は少なくとも二つの点でもったいないと思います。

一つは、それが仮にどんなに非現実的に見えても、世界の人々が最も実現して欲しいと思っていることそのものであり、いずれは実現しなければならないことでもある点。もう一つは、旅のときに海外で出会った日本人たちがやっていることのすごさを見ていると、その実現が日本人に向いている上に、決して不可能ではないと思える点です。

では、脱原発や憲法９条の理念が、私たち日本人にどう向いているのか。

まず憲法９条の平和理念は、ただ日本が戦争を放棄するだけで成立するものではなく、紛争の原因となる問題自体を調和や解決に導かなければなりません。

そして脱原発も、火力発電のCO_2発生問題、新技術の開発のための経費や環境作りなどの、難しい問題をすべて解決して初めて脱原発たり得る難しさがあります。両者とも実現方法が「創造・アイデア」的である以上に「調和・解決」的である必要が高いということ、即ち「創造・アイデア」的な人はいくらでもいるのですが、どちらもそれだけでは実現できないレベルだということです。

しかし、筆者が海外で出会った日本人たちの挑戦や取り組みは、なんとその「創造」的のレベルを超えた「調和解決」のレベルだったのです。

例えば、ＯＤＡで日本人たちがラオスのメコン川氾濫の治水援助をしているのを取材したのですが、日本の「創造・アイデア」であるはずの治水工事の先進技術を、敢えて使わない方法を編み出していました。

日本の先進技術を使えばあっという間に終わる案件なのに、なんでそんな面倒なことをするのか理由を聞くと、日本の先進技術を使ってしまうと、日本が引き上げた後に、現地の人々が治水を引き継げないからだそうです。

そこまで考えてあげる必要は業務的にないはずなのですが、氾濫被害自体の恒久解決のために彼らはそこまでしていました。現地の人々によれば、そこまで考えてくれる国はないそうで、大変感謝し、尊敬さえしていました。つまり、彼らが感謝・尊敬していたのは、日本人があらゆる問題を考慮して「解決」できる「調和」的な方法を編み出せることだったわけです。

次は一転してギター工房のお話。カナダでギター職人をしている川上祐介さんという人に出会ったのですが、彼のギターは、その独創性から、世界トップクラスのギタリストたちに絶賛されていました。ところが彼の仕事ぶりを見ていると、なんだかギターの問題を一つずつ解決している人という感じなのです。

まず、日本でギターを作ると、気候的に乾燥工程などで木材の質の差が生まれるため、その問題解決のために、日本の慣れ親しんだギター製作環境を捨て、英語もろくに喋れない状態でカナダに行ってしまいました。

そして今度は、そちらの国では当たり前になっている機械加工の工程で失われる音色の問題を発見し、解決策として大昔の接着剤や日本のカンナを使って、地道にそれでギターを手作りしていました。

大昔の接着剤は接着力が弱い代わりに、天然素材なので音色を損ねないのだそうです。そしてカンナは、木目に逆らうと引っかかってしまうのですが、逆に機械で木目に逆らえるようになったからこそ失われてしまった、かつての音色や丈夫さを復活させてしまいました。

しかもその丈夫さは、木目に沿った分、他の最新ギターに比べても秀でており、チューニングをそのままで放置していてもネックが反りません。普通それは木である以上絶対にあり得ないことなのですが、試しに一本借りて日本に持ち帰ってみたところ、本当に反りませんでした（ちゃんと返しましたよ）。

ですから当然、現地のギタリストたちの注文が殺到。何ヶ月、否、何年待ちという状態でした。

ギター職人は「解決」というよりは「創造」の仕事のように思いますが、日本人の手にかかると「創造」の仕事も「解決」のレベルに押し上がるのです（実はこの一点で日本と欧米の驚くべき差を語ることも可能）。

しかもその上で川上さんは、ギタリストたちの個人的で多様な要望に対応しており、彼の仕事は、そうした実に様々な条件が一本のギターに喧嘩することなく見事に集約された、「調和」のレベルでさえあるわけです。

そしてその点を、現地の人々が尊敬していました。ギターに詳しい読者なら、川上さんのやらんとする方向性は、ハンドメイドギターの大まかな方向性そのものでもあることにもお気付きでしょう。では、なぜ尊敬されるのかというと、それは、どこまでを問題ととらえ、どこまでのレベルで解決したいと思うのかに、大きな違いがあるからなのです。

そしてそれが、ギタリスト側の創造性を生み出しもし、邪魔もしないというレベル、即ち「創造」と「解決」両面が「調和」しているレベルに達しているから、尊敬を集めるのです。

ということは、一見「解決」は「創造」よりも地味で低レベルのような印象を抱く人も少なくないでしょうけれど、実はそうではないことを、ラオスの日本人やカナダの川上さんが体現しているということもできるでしょう。海外の人々が日本人の「調和・解決」力に出会うと、「創造・アイデア」力を凌いでいると感じることが少なくないということです。

ですから、俄《にわか》には信じられないことですが、脱原発や憲法9条の理念は、それが「解決の果ての調和のかたち」であるという見方をする限り、日本人の本来の能力からすれば不可能な話ではなく、しかもそれに向いているのであり、アメリカに押し付けられたとか、中国が脅威だとか、日本には資源がないとか、一見まともに思えるそうした分析だけで否定し切れるものではないのです。

日本の「和」そのものが「こと」の実現方法

そもそも日本の先進技術も、ただの創造ではなく、発生する様々な問題を、調和的に解決していった先に生まれたものが大変に多いのです。

例えば、日本の先進技術といって代表的なものの一つである自動車。これも例外ではありません。

日本では四季の変化が自動車には大変過酷なレベルなので、外国車に比べてそうした耐久性が問われました。また道や駐車場が大変狭いので、コンパクトさが求められたり、ECOが叫ばれたりガソリンが高かったりするので低燃費が求められたり、低燃費が求められるから軽量さが求められたり、軽量だから今度は更に頑丈さが求められたり、その上車検制度というものがあるので買い替えの必要性が高く、安価さが求められたりしました。

しかもそれらをすべてかなえないと競争に負けてしまうわけです。これってもはや「無茶ブリ」の域です。海外では、極端に言えば速さなら速さだけ、快適さなら快適さだけ、燃費なら燃費だけで済むのに、日本では全部じゃなければならない。日本人はそれを実現して来たわけなのです。

これは発電でいうと、「原発の次の発電方法を開発せよ」と要請されたのと違わないか、考えようによってはそれ以上のレベルの「無茶ブリ」なのです。つまり脱原発は、日本人には可能なのです。

それは私たち日本人のいわば「楽」の〝ビフォー&アフター〟の〝アフター〟である「和」の力、「調和」力の話だと言っても過言ではないでしょう。但し、私たちが普段「和」と思っていることの多くは、着物や和食、和建築や和工芸などの「もの」の印象や

「和風」の域を脱していないことが多く、「こと」といえばチーム優先の考え方くらいであるように思われます。

本当の「和」とは、「もの」から見ても「こと」から見てもその本質である、「よくもそんなにたくさんの条件を一つに織り込めるな」という私たち日本人の性分のことであり、その実現力の高さのことだと筆者は思うのです。

ですから悪く出れば、何一つ捨てないために大変低レベルなまとめ方、なし崩し的なまとめ方になり、良く出れば、世界が驚く「調和」や「解決」をあらわします。前者を「楽」、後者を「和」というなら、「楽」は「和」の種ということになるわけですから、私たちが「楽」脱却を志して「和」を目指しさえすれば、脱原発の「解決」法など、あっという間に実現してしまうかも知れないのです。

日本の創造力

ちなみに、念のために記しておきますが、日本人には創造力がないと言っているのでは当然ありません。援助の現場でも様々なアイデアと創造力を見ましたし、川上さんのギターにも様々なアイデアが入っています。日本車でも、日本の発明は実にたくさんありますし、自動車の限りでもありません。

しかし、私たち日本人には、ある特徴があるのです。知っている人は普通に知っている話ですが、旅で世界を見る限り、海外ではアイデアや創造が、そんなに必要性が高くなくても生まれるのに対し、日本人の場合は、解決すべき問題のためなど、必要性が明確化したり高まった時にこそ、アイデアや創造力が発揮されることが多いのです。つまり、解決と創造の順序やウェイトが違うわけです。

これは特にアメリカでのあるふとした体験から、筆者の中で明確になった気がします。アメリカを自動車で旅していた時、深夜助手席でついウトウトと眠ってしまったのですが、ふと目が覚めると、月明かりの砂漠の一本道だったせいで、海の中に突入してゆくように見えて、思わず声が出てしまったことがありました。

運転手を驚かせてしまって申し訳なかったのですが、旅の不思議さは、こういうなんでもないふとした時や場所で、謎解き映画のクライマックスのように、その国の印象のすべてが一つのストーリーとしてつながってしまうことがあるのです。

筆者がその時感じたのは、「今ここで放置されたら死ぬな」ということだったのですが、それをきっかけにして、開拓時代が思い浮かんだのです。

最初の開拓民はろくに変わらない光景の中で、ゼロから生活を作ったのでしょう。水が引かれているわけではない、猛獣に襲われるかも知れない、ゴールドを掘り当てても、失敗した人に乗り込まれて奪われるかも知れない。そりゃ銃社会になるわ、勝ったもん勝ちで医療制度が金持ち寄りに偏るわけだわ、個人主義やら実力主義、自立心やらゼロからのアイデア力が培《つちか》われるわけだわと思いました。

しかし裏を返せば、アメリカ人の場合は、自立心やバイタリティーさえあれば、障害ゼロから自由に何を創造してもいいわけです。日本はそうはいきません。何か建てようには、元々建っているものがあったり、何か新しいことを提案しようにも、それまでの習慣が様々にあるわけです。

ですから筆者はその砂漠の道を眺めながら、あのキノコ雲事件と同様に、「アメリカとは何か」や、アメリカ人と日本人の創造や解決のかたちの差を、一瞬の内に感じとらされてしまったわけです。

日本でよく耳にするのが、「日本人はゼロから作れないんだよなぁ」という言葉です。欠点のつもりで言っているのでしょうが、それは単に欠点とは言い切れないわけです。ゼロから作れる国の人は、困ると壊してゼロからやろうとしてしまったり、勝者の論理で自分は面白い創造の方だけして、解決は敗者にやらせようとしてしまうかも知れないわけで、逆にそれが欠点とも言い得るのです。

そう考えると前述の援助や川上さん、日本車の話などは、まことにその典型例で、ゼロから作ったわけではないからといって、そこに一切の価値の遜色はありません。日本人はゼロから自由に何かを生み出すのが比較的苦手だとしても、何かを作るためにあれもこれも犠牲にして回るということがない、「解決力」や「調和力」という世界に類例のないとんでもない才能を培った可能性が、実は大変に高いわけなのです。

筆者が脱原発や憲法9条の話を持ち出して、日本人の手にかかれば決して不可能ではない上に向いているなどと、いい歳をして言うのは、お坊ちゃんの単なる楽観論をぶちたいのでも、ただ褒《ほ》めて読者を喜ばそうというのでもなく、この「解決力」や「調和力」がいかに世界的に特異であるか、そして世界は実はそれがないからこそ融和しないのだと言ってもある意味では過言ではないことを、旅で知ってしまったからなのです。

日本人が問題のない安穏とした普段の生活から、混迷や対立の深刻な現場に放り込まれると、その問題がはっきりとつかめさえすれば、「解決力」や「調和力」はもちろんのこと、それに必要なとんでもない「アイデア力」や「創造力」を途端に発揮するようにできているのです。

前述のように、国内の「ダメJAPAN」な数々の案件を見ると、問題を問題として把握しないことに必ず敗因があるわけですが、これは裏を返せば、いったん問題の核心をつかんだ日本人が、「解決力」や「創造力」、「調和力」を発揮しなかった例は、実は無きに等しいのです。

そして、その深刻な混迷や対立を日本人はどうするのかというと、大変アホらしいことに、憲法9条と何ら変わらない関係や状態に導くのです。いや、導けているのです。

そういう現場を旅でもいくつか見たわけですが、本人は気付いていません。なぜ気付かないかというと、わかりやすくいえば、放っておけば最終的には紛争になっていてもおかしくなかった問題を、その前に解決してしまうために、紛争につながったろうことさえ知らないという感じでしょうか。

これでは当人に「紛争を防ぎましたね」と言っても「は？」ということになりますから、「憲法9条を一つ具現化しましたね」などと言えばなおさらでしょう。

日本人が持っている、そうした「解決力」と「調和力」と「創造力」、そして戦争の悲惨さと平和の大切さの両方を知っているという「説得力」と「安心力」が、いかに絶大なもので、世界の人々の感銘を呼ぶものか。

そしてそれがいかに日本に対するバリアになっているか。しかもそのバリアは、今後も日本人が海外の人々と関わることによって、個人レベルでもいかに拡大可能なものであるか。つまり憲法9条の効力や拡大が、いかに現実のレベルの話であるか。

残念ながら、ふだんその解決の現場にあまり行かれたことのない読者には、ご想像頂くしかありません。

若田光一「和」船長の〝ビフォアフ〟

さて、日本人のすごさは、「もの」の話や、「もの」にまつわる「こと」の話ばかりではなく、「こと」自体の話にもあります。先頃、若田光一さんが日本人初の宇宙船船長になり、無事に任務を果たして地球に帰還しましたが、この若田光一さんが船長になる選考過程が、ある番組で紹介されていました。

当初若田さんは、船長候補として劣勢にあったのですが、それが最終的に船長に選ばれるまでの過程、いわば若田さんの〝ビフォー&アフター〟がドキュメントされていたのです。

見ていると、それは実に典型的な日本人の〝ビフォアフ〟なのですが、同時に私たちが憲法9条と聞く時に真っ先に浮かぶ「非現実的」というイメージに関しても、大変示唆的なものだったのです（9条の話ばっかりですいません）。

当初若田さんは、船長を狙うアメリカ人チームとロシア人チームの意見対立をなだめるのに必死で、シュミレーション事故の際も、船長役が回って来ると右往左往するばかりで、明確な指示を飛ばせませんでした。まさに気を使っているだけで何の役にも立っていない「楽」の日本人をそのまま体現しているかのような様相で、若田さんは一気に船長候補の最後部に後退してしまいました。

ところが、ようやく自分の置かれている状況やなすべきことが見えて来た頃になって、事態が一変します。それまで船長候補としては最後部だった若田さんが、一躍満場一致で船長に選出されてしまったのです。理由は、アメリカ人チームの主張とロシア人チームの主張の一理あるところを両方採用し、アメリカ人チームよりもロシア人チームよりも優れたシュミレーション事故対応を見せたからでした。

その結果、アメリカ人チームもロシア人チームも感心してしまい、「自分よりも若田さんの方が船長に向いている」と推薦してしまったのです。若田さんは単にアメリカ人チームとロシア人チームの意見の通りにやっただけなので、最初は何が起きたのかわからない様子でした。アメリカ人チームとロシア人チームの関心は、その若田さんの自我のなさに対しても向けられていたのです。

この若田さんの〝ビフォアフ〟は、筆者が国内外の旅で出会った日本人の〝ビフォアフ〟と本質的に全く何も変わらず、個々人の個性を超えて実に私たち日本人の「楽」の〝ビフォアフ〟を象徴している上に、憲法9条の持つ意味や実現の仕方そのものでもあるのです。

というのは、まず私たちの多くが純粋な意味での憲法9条に抱く非現実味は、日本が武器を捨てるだけで世界が平和になるのかとか、仮に同じことを世界の国々に要求したとして、世界が武器を捨てるものかといったあたりの印象にあると思うのですが、これはいわば「消極」の側の憲法9条解釈です。

一方、若田さんが遂げた〝ビフォアフ〟は、〝積極調和解決〟でした。「お互いに仲良く揉めずに尊重し合って」という信念は変わらないのですが、その「揉めずに」をアメリカ人とロシア人の側の実践すべきことだと常識的に思っていたのが、実は自分の仕事であること、そして両者の意見を引っ込めさせる形で揉めなくするのではなくて、逆に両方使うことで揉める必要が無くなることに気付いたところに、「消極」から「積極」への転換点がありました。

つまり、憲法9条にも、「積極」の側面の解釈があるということです。私たち日本人が世界を消極の側、即ち客観者の側で眺める限り、憲法9条の世界は非現実的でしかありませんが、積極の側、即ち私たち日本人が当事者として対立者同士とドップリ関わった場合、まず武器や主張を捨てさせようとして捨てるかどうかではなくて、その主張を生かす方向にさらに良い結論を見出す能力があり、結果として武器使用が不要になる結末を導き出す力が私たちには秘められているということです。

実際、紛争地帯で武装解除の仕事に取り組んでいる日本人チームがあり、たまにテレビでも見かけるので、知っている人は知っていると思うのですが、彼らがやっていることも本質的には共通するところがあります。

彼らが他の国の人間と違うのは、当事者の不満や本当の願望を、聞いて聞いて聞き倒し、その引き出したものを一旦、自分の中で受け止め切る点でしょう。それ自体が武装解除の可能性を引き出すことでもあるはずだからです。本人は当然過ぎて、あまりそれが特徴だと思っていないかも知れませんが、実は私たちが仕事でクライアントやお客さんを相手に当たり前にしているそれが、信じられないかも知れませんが、案外世界にはないのです。

アメリカとの取引などの経験がある人はもしかすると実感があるかも知れませんが、基本、要求しかして来ないはずなのです。こちらの要望を聞いて聞いて聞き倒し、しかも一旦自分のこととして受け止めてくれる外国人など、滅多にいないはずなのです。

ですからこの武装解除の仕事も、日本人だけにしかできないとまでは言いませんが、少なくとも他の国の人間と違うはずなのは、「要は武装解除さえしてくれりゃいいんだよ」という態度ではないことでしょう。相手の様々な思いも、武装解除の範囲から逸脱するとしても聞き、受け止める力があるはずなのです。

実はこの「聞く力」と「引き出す力」「受け止める力」は、憲法9条を実現する上で、大変主要な部分に位置する力であり、筆者が日本人だからこそ向いていると感じる部分でもあるのです。ちなみに、武装解除をしている当の彼らが言うには、なんと日本が「憲法9条の国」だからこそ、武装解除交渉の際に説得力があるのだそうです。なんとも皮肉な話だと筆者は思いました。

日本人が消極から積極、傍観者から当事者、「楽」から「和」に〝ビフォアフ〟を遂げられた時、憲法9条の理念は、むしろ全くの「現実」となるのです。そしてそれは、若田さんのライバル候補であり、且つ有利であったはずのアメリカ人チームとロシア人チームが、自ら若田さんを選出するという結果を、無意識ながら若田さん自身が導き出したように、実に日本人にしかできない仕事なのです。

憲法9条の真価∨憲法9条撤廃∨憲法9条擁護

中国が尖閣やベトナムで荒っぽいことをしているこんなご時世に、憲法9条の話を何度も持ち出すことがいかに読者や国民の共感を得られにくいか、それは重々承知のつもりです。

しかも有史以来、武器を持たずに永続した国など聞いたことがなく、その上9条はアメリカに押し付けられたものだとも言われており、一体そのどこに国の理念や安寧に帰する論拠らしき論拠があるというのかという感じですから、そりゃ改正されて然るべきと考える人が増えてもまったく不思議ではありません。

日本の景気を鑑みても、大きな飛躍は第一次大戦や朝鮮戦争の特需、大きな墜落は第二次大戦の敗北などであることからも、結局のところ景気の上下と武力や軍需は切っても切り離せない面があります。

では、なのになぜ筆者が今頃9条だ9条だと言い出すのかというと、この先の未来が一つでも大きな変化の先にあると考えた場合、現時点では想像もつかない未来が待っており（未来というものはこれまでも常にそういうものでした）、その時には途端に9条の価値が今とは逆転しそうな予感がするからなのです。

大きな変化とは、激動の中国の今後や、地球環境の今後、地球人口の急増、貧困の更なる拡大と深刻化、ＩＴ上の世界のバーチャル化や、軍事力の無人化、そして日本の少子高齢化や人口減少、国債の危惧すべき安全神話化など、実は目白押しといえるほどいくらでもあり、しかも一つだけ起きるということはなく、連動する可能性が高いのです。

ですから、これからの未来が、単なる過去の印象通りの延長とはどうしても思えず、9条に関しても、その現実的な価値の有無を過去から考えるか、未来から考えるかで、意味が180度違ってしまう気がしてならないのです。

では、そうなってから9条を選び直せばいいじゃないかという風にいくかというと、そうはいかない気がします。それなら、選ばなければいいじゃないかというと、それでは大変に後悔する気がするのです。

その論拠は、ニュアンス的な表現しかできないのですが、極端に喩えれば、これまでの軍事力よりもある意味で強い力が登場してしまって、軍事力が無意味化する感じ。しかもそれはこれまでの軍事力の延長上にあるものではなく、決して軍事力と平行しては得られないものである感じ。

具体的にいえば、もちろんそのままそうなるという意味ではありませんが、技術のさらなる発達などで、軍事力を持っていない国が、一瞬のうちに軍事力に値するものを構築できるようになり、軍事力を保有しておく必要が急激に下がっていたり（核兵器の登場もある意味では同様の変化でした）、軍事上よりも経済上の戦いが激しくなっていたり（戦いが激しさを増し過ぎると、未来においては軍事上の争いさえ意味をなさなくなるというようなニュアンス）、戦争が完全に勝敗の次元ではなくなり（すでにそうなっているのですが）、いわば戦争をバーチャル上でするかのような展開になっていたり、今の延長ではあるけれど、形になってみると今の私たちにはちょっと信じられないものになっている感じ。

そして同時に、争うことが損であることや、争いになってしまう経緯などが、何らかの形ではっきりと「見える化」してしまっていたり、協力した方が得なことがはっきりと「見える化」してしまっていたりして、軍事力の保持や増強がそのまま大損になってしまう感じ。

しかもそれが驚くほど近い未来である感じ。その未来は、信じられないものでありながら、なってみると初めて今の何の延長上のものなのかがわかる感じで、その時に私たちが「しまった、あれはむしろ最大の武器だった」と後悔するのが、憲法9条のような気がするわけです。

私たちが「楽」から「和」に発展することは、「過去」思考から「未来」思考に発展することと同義で、それに9条の価値の有無も連動している気がするということです。

今、憲法9条擁護派には、2つの違う立場があるように思いますが、それも「過去」思考と「未来」思考の違いに関係しているように思います。

一つの立場は、これまでの歴史や常識で考えれば非現実的であることをちゃんと知っていて、その上で憲法9条の真価を見ているというもの。もう一方の立場は、「平和ボケ」といわれるように、今や世界のお坊ちゃまお嬢ちゃま状態になった私たち日本人の（筆者に言われるようでは終わりですが、世界を旅したらそうだったので……）、のん気な平和主義や保身的な安心願望から、憲法9条を擁護しているものです。

報道などを通して擁護派の人たちの言い分を聞くと、残念ながら、前述したように日本人の精神と一体のものたり得るとか、「世界の未来にとって大切な価値がある」といったような、いわば「未来性」や「精神性」、「使命感」を論拠とする前者の見解が圧倒的に少なく、「憲法9条があったから日本が平和だった」的な、自分自身の不安・安心を基準にした、「過去」の継続を望んでいるだけの後者の見解の方が多いといわざるを得ません。

これでは、集団的自衛権容認派や憲法改正派の方がよっぽど現実的です。擁護派の人たちがまずしなければならないことは、「安心」と憲法9条は同義語ではないことをより深く理解することです。仮に同義語になるのだとしても、それは私たち日本人自身の「安心」ではなく、世界の人々の「安心」に、私たち自身が貢献・寄与しようとする決意の限りにおいてであることを知らねばなりません。

つまり憲法9条は、もとより私たちがただ当然のように平和という名の安心を享受する側だと思っている限り堕法であり、武器を持つ以上の勇気や努力を私たちに問うものであり、世界のどの国の国民よりも平和貢献の当事者としての活動を国内外に要求するものだったということです。それを机上の空論としか思えない人が日本で多い限りは、仮に集団的自衛権を容認したり、憲法を改正しても、ろくな結果は「引き出せない」のです。

「楽」は病巣を温存助長する

今「強いリーダーシップ」や「タカ派」を自認する政府が、憲法96条の改正やら秘密保護法やらと、あの手この手で集団的自衛権容認を声高に進めていますが、憲法上や国民主権上の問題もあるのになぜなのかといえば、ご存知のように「支持率が高いうちに」という自民党政府の思惑が大きいでしょう。

しかしそれはあくまでも主原因ではありません。支持率も「世論」ですし、その「世論」が明確に「ノー」といえば、政府も簡単には逆らえないわけですから、事実上も「世論」が主原因です。特にこの政権の憲法解釈をめぐる動きは、世論調査を見ても明らかなように、私たち自身の民意の反映に他なりません。

どういう民意かというと、集団的自衛権容認の民意と、もう一つは「よくわからない」という、その憲法上や国民主権上の問題を結果的に放棄したも同然といわざるを得ない、「あいまい」な民意です。その二つの民意、特に後者の民意が大多数となって、その政治の動きに反映しているのではないでしょうか。

ですから、この動きがたとえどんなに国民の主権や憲法の意義、特に憲法9条の意義をなし崩しにしても、「強いリーダーシップ」と騒いだのは私たち自身であり、どんなに組織票が大勢を占めていても、その人たちを含めて私たちが民意としてそれを選んだということです。

これまで70年もの間、私たち日本人は曲がりなりにも憲法9条の担い手でした。そしてそれは、9条の成立や解釈の経緯がどうであれ、世界に対する決意やその宣言でもありました。ですからこの昨今の私たちの民意の変化が、万が一単純に風見鶏的で自己保身的な不安や場当たりからくるものだとすれば、アメリカや多くの国々が賛同するとしても、「日本人としてどうなのか」、「またアメリカの都合に合わせて、これまでの私たち自身の歩みを自己否定することにはつながらないのか」という問いは残らないでしょうか。

但し、仮に残るのだとしても、憲法9条擁護派の人々も、集団的自衛権容認派や憲法9条改正派、賛同する国々に対して、ちゃんと説得力を持とうとして来なかったからこういう結果になったのだとは言えないでしょうか。

仮に憲法9条に真価が存在するとすれば、それはこの9条を私たち国民の「脱安心宣言」、あるいは「脱楽宣言」と見た場合の中にあったのです。そうだとすれば、「9条のおかげで平和」としか言ってこなかった多くの日本人は、発布以来70年もの間、大変な主客転倒を起こして来たということになるのです。

もちろん「脱安心宣言」「脱楽宣言」など、それこそ筆者の「解釈」に過ぎません。しかし集団的自衛権容認と比べて、条文に沿う解釈なのか、曲げる解釈なのかといえば、少なくとも「脱安心宣言」「脱楽宣言」の方が沿う解釈だということです。

筆者は、自身がその「脱安心」「脱楽」上、反省をすべき立場の人間であると思っているので、憲法9条擁護派をなじる人々以上に、むしろのん気な擁護派の人々の「当然観」や「不安」の方に腹が立ちます。その考えなしの「当然観」や「不安」こそが、集団的自衛権容認論や憲法9条改正論を温存助長して来たのであり、憲法9条に内在した「脱安心」「脱楽」上の真価を単なる「非現実論」に貶《おとし》めて来たからです。

おそらく発布直後の日本人は、9条の是非や真価が、経済発展に目的を特化することの中にあると考えたのでしょう。アメリカに負けたのも、巨大な理由背景として経済力格差があったわけで、平和を目指すという意味からも、再び戦争に負けない国にするという意味からも、将来いずれを選択するにしても現状においてすべきことが経済力アップだったわけですから、なすべきことははっきりしているつもりだったのではないかということです。

しかし、その特化した経済発展の果てにあったものは、単に経済特化であり、「生活の安心不安＝経済の安心不安」、「自分の生活と経済の安心不安がすべて」という内向きな世界観、即ち政治や外交などの経済以外の分野に対する無関心だったように思えます。

９条の理念の良し悪しや是非も、私たちの「生活の安心不安」から見ての要不要論にまで劣化し、国際社会における私たち日本国民の態度や理念の宣言であったことは絵空事と化しました。「国際平和」の問題が、私たち日本人の中で「自分の安心安全」と同義語になり、逆に「国際平和」自体には無関心になったのです。

そのため安全保障の問題は、「自分たち庶民にはわかりにくい話」「難しい専門分野」になりました。よってそれは、専門当局である政府や外務省、あるいは同盟国アメリカの仕事であることになり、「何かあったときはよろしく」という態度を、私たち国民は崩さなくなったように思えます。

そうです、私たちの多くは憲法９条も日本政府もアメリカも国際平和も何もかも、依存対象としてしか見なくなったのです。憲法９条はそういう意味で依存不可能ですから、私たちの中で要らなくなったように見えたわけです。

9条を願う英霊は割愛

それでは仮に日本政府やアメリカが全力かつ無償で私たち日本人の安心安全のために献身するようなことがあったところで、完璧な安心安全につながるわけがないと筆者には思えます。もちろん、そもそも全力無償献身など現実にあるわけがなく、あくまで喩《たと》えで言っているわけですが、仮にそうなったと考えたところで、私たちはその結果を「アメリカも落ちたもんだなぁ」「政府も相変わらずアメリカ追従だなぁ」などと分析するわけでしょうから、ある意味、救いようがないのかもしれません。

靖国参拝問題（合祀問題）や、それに対する中韓の反発、「英霊に平和を誓っているだけ」というような発言も、私たちの多くはどこか白々しく感じているでしょうが、そうだとしたら、私たちのそうした態度にも問題があるのです。

もちろんそれは、中韓の言い分が正しいという話では決してありませんし、右か左かという話でもありません。英霊に平和を誓わなければいけないのはむしろ私たち国民であり、どう平和を誓うのかを考えなければいけないのも私たち国民だということです。

靖国神社に行くことだけがそれなのではありません。「千の風」ではありませんが、場所はどこでもいいはずなのです。それよりも大事なのは、私たちの中で、かつての日本の窮地や過ちを命で購《あがな》った数多の英霊たちの思いや願いを、どう受け止めるかです。

英霊それぞれに様々な思いがあるでしょうけれども、少なくとも「アメリカに仕返ししてくれ」「世界征服してくれ」というものだと受け止めることは妥当ではないでしょう。やはりどう考えても「平和な日本を築いてくれ」ということになるのではないでしょうか。ではどんな平和を英霊の多くが願われておられるでしょうか。力と力の均衡の平和でしょうか。それともそうではない平和でしょうか。

もしそれが後者だとするならば、はからずも9条は、少なからぬ英霊たちが、純粋な意味で願っている気持ちにつながりはしないでしょうか。

もちろんそれは段階論的な余地のあるものでしょう。なにも英霊全員が、一足飛びに世界中が武器を放棄した平和が成立すると生前思っていたわけではないだろうということです。しかし究極的な願いは、戦争の愚かさを身をもって体験された方々ですから、軍事均衡によってもたらされる平和ではないのではないでしょうか。

ですから少なくとも筆者は、世界の旅で人々と触れ合い、心通わせる時、実は英霊に対して、「憲法9条そのものの理念や真の世界平和が、日本人の融和の巧みさや調和力、他者への尊敬力をもってすれば、決してただの絵空事や実現不可能なものではないことを、大変非力ですが、それを日本の人たちがほんの少しでも感じていただける旅を致します」との思いや誓いをずっと持って旅していました。映っているのは寝ているシーンばかりですから、表面的な行動からは、なかなか信じてもらえないかも知れませんが……。

なぜ筆者がそんなことを思っていたのかというと、あの旅が政治家や外交官ではないただの日本の一国民である自分が交流者であったこと。そしてそれこそが、憲法9条の本質につながるものであると確信していたからであり、そう思って旅することが、同じ日本の一国民でありながら、命をもって日本の存続を購った「英霊」と呼ばれる人々への、真の絆の感じ方、バトンの受け方であり、供養であると思ったからです。

果たして、憲法9条が「私たちたち日本人の安心安全にあまり寄与しなくなったから」という考えでその理念を「ポイ捨て」していいのか。むしろ本書の冒頭にも述べたように、今という時代の「巨大化」「高速化」「複雑化」という深刻なエスカレートの中で、国と国との距離や境界の意味、これまで軍事力が国家間に果たしていた効力に次元の変化が劇的に訪れていることと、戦後日本が世界に果たして来た役割を鑑みた時、果たして憲法9条は本当にただの絵空事なのか。「私たち日本人の精神性とは無縁の、アメリカに押し付けられただけのものだ」と簡単に片付けて本当にいいのか。そして英霊を思う時、9条の純粋な意味での成就を願っておられる方も決して少なくないかも知れないという認識設定は、本当に割愛していいのか。

このラストチャンスともいえる時間の中で、是非とも読者の皆様にももう一度深くお考え願いたいのです。

今日本人がすべきこと

9条の話ばかりになってしまいましたが、今とても大切なテーマである上に、日常生活やお勤めなどで私たちがしなければならないことと何の違いもないので、しつこく書きました。

何がどう違わないのかというと、特にご自身を「楽」だなとお感じの方は、自身が依存・無関心・傍観から主体・切実・当事者意識へと転じなければ、なにごとも受け身・マンネリ・後手・手遅れ・場当たりの応対になり、なし崩し・低水準・衰退・井の中の蛙の末路になってしまうという点です（9条の理念も同じ経緯をたどっていると思います）。

そして口癖の「前向き」「ポジティブ」「後悔しない」に関しても、ただ不安や暗い気分になりたくないいだけだったり、現実やリスクから逃げたいだけだったり、面倒なだけだったりしていないか自身を疑い、むしろ「ネガティブ」な現実は「ネガティブ」のまま深刻に切実に受け止める訓練や、「後悔力」を高めようとする方が、本当の「ポジティブ」な解決や調和の結果を導き出せるのだと知ることが大切な点です（9条の理念も同じ実現方法だと思います）。

それは今回のサッカーの一次リーグ敗退にも決して当てはまらないことではないと思いますが、私たち日本人の反省といえばいつも「攻めが足りなかった」「勝ちにいってなかった」的な感じで、「ネガティブだったから悪かった」、「次がポジティブならいい」みたいなことで落ち着いてしまうのですが、むしろ最初がのん気な「ポジティブ」だから「ネガティブ」な結果に終わってしまうのだということを知らなければならないわけで、それがわかると、日本のサッカーも私たち日本人もびっくりするくらいに強くなるでしょう。

つまり、世界との実力差に対して、「ネガティブ」と言われるくらいに徹底的に深刻に切実になることです。それを「考えてもしょうがない」「実力差などない」と思った分、今後も弱いままになり、深刻に切実になった分、新たに様々な対策が生み出され、日本もサッカーもその対外的な地位を一気に押し上げるという「ポジティブ」な結果になるでしょう。

そして、そもそも「こういうサッカーのようなお祭りのときは、影で「喜」の政治家が、国民に気付かれずにやりたいことを決めてしまえるので、よく見張っていなければならない」と、当然のように思えるようになることでしょう。

筆者が「喜」の政治家なら、当然のようにサッカーなどのお祭りで人々が浮かれているうちにヤバイことを進めたり、景気さえ上げれば一時の反対で後は何でも認めるだろうと踏んだり、「自信」や「ポジティブ」というプロパガンダを擦り込ませたり、ゆるキャラや女性を使って「安心」させるでしょう。世界を旅したところ、それは必ずしもどこの国でも有効なわけではないようでしたが、申し訳ないけれど、日本人相手ならどうとでもできます。

ですから私たち日本人は、特に「楽」の傾向の持ち主は、それにまったく引っかからなくなるために、そして「和」や「調和」の絶大な力を、９条の理念でも脱原発でも景気回復でも日常生活でも会社でもサッカーでも「ものづくり」でも何でも発揮できるようになるために、今こそ「自信」や「ポジティブさ」に見えてしまう「喜」の人にばかり憧れ、それをインストールしようとするのではなく、むしろ欠落している「怒」や「哀」の感覚をインストールし、「喜」の発言力や甘言に飲み込まれず、むしろ本当の意味で「喜」の人を活用し、自身が主体となって「こと」を本当の「ネガティブ」から始めて本当の「ポジティブ」な結果を導き出せるようになるべき時が来ていると思います。そしてそれが、私たち日本人の大多数が今しなければならない「ことづくり」なのではないかと、筆者は思います。

楽
調和
癒し・融和・安定
浄化・信頼・再結
止観
後悔・鋭敏・回帰
切実・実行・率直
睡眠
満足・鈍感・依存
怠惰・甘え・曖昧

5章「哀」は末路であり出発点

「哀」は「喜怒哀楽」すべての末路

「哀」は、その傾向や個性を抱く人や国がある一方で、「喜怒哀楽」のすべての末路でもあります。

「喜」は、唯我独尊の上に繁栄を築こうという姿勢ですから、その唯我独尊だった分の補正が現実の反作用として起きます。それが「喜」にとっての「哀」の末路ということになるでしょう。国内のわかりやすい例は、織田信長の失脚でしょうか。

近年は、「明智光秀が天下へ野心を持ったから」という単純極まりない見方は減り、むしろ「信長を止めよう」とする大きな流れの中での出来事と見るようになって来ました。つまり信長は、天下目前のつもりが、大変な反感の渦中にあったということです。後の天下統一の足がかりになったという見方はできるかも知れませんが、信長自身の天下統一への道は、無に帰してしまいました。

また「怒」は、自身を正しいとしすぎることから被害者意識や不満に陥っているわけですから、必ず様々な破壊の現実が醸成します。それが「怒」にとっての「哀」の末路ということになるでしょう。

国内のわかりやすい例は、元阿久根市長の竹原信一氏でしょうか。彼は、問題を軽視し、体制に迎合するばかりの「楽」と、問題を自利自略に創作してしまう「喜」だらけの日本にあって、問題を問題として受け止めようとする志の持ち主でした。

しかし区別が大変に難しい「問題」と「不満」の境を見誤り、議会は戦場と化し、障害を持つ子供を育てている人々などとの間に、拭えない反目を招いてしまいました。日本国内では決して多くないケースで、せっかく大切な志だったのですが、残念ながら改革のはずが、破壊の末路になってしまったわけです。

「楽」は、問題を自身の問題として受け止めないために、いわば「哀」の末路への「直通便」と化してしまいます。

国内のわかりやすい例はもはや不要でしょう。私たちが報道などを通して耳にする「なぜ止められなかったのか」という出来事は、どれもその「直通便」の事例ですし、私たちの多くが、何らかの形でその渦中にあるからです。

このように、「哀」は誰もが望まない末路や境涯でありながら、自身を振り返ることがなければ平等にたどり着いてしまう終点なのです。

「哀」は「喜怒哀楽」すべての出発点

しかし一方で、「哀」は同時に、「喜怒哀楽」のどれにとっても真の出発点になり得ます。「3・11」は、東北の人々に大変深い哀しみと喪失をもたらしましたが、その中から自分のための「喜怒哀楽」ではなく、人々のための喜び（創造）、怒り（危機回避）、哀しみ（共感）、楽（癒し）のための活動を始めた人がたくさんいます。

筆者の出会い体験でいえば、岩手県大船渡市の八木健一郎さんもその一人です。八木さんはもともと、大船渡に行きたくて行ったわけではないのですが、その後、大船渡の漁業振興に取り組むことになっていった人でした。

八木さん本人に理由を聞くと、大船渡の人々に支えられながら暮らしていく中で、徐々にその心境の変化が訪れたようでした。しかしその活動が地道ながら着実に成果を上げて来ていたところで体験することになったのが、「3・11」でした。

筆者はその前後で八木さんと出会うことになったのですが、彼はそれでも大船渡を捨てませんでした。そして彼は、津波の影響や瓦礫などで漁は不可能と思われていた海に、率先して船を出しました。今船を出さなければ皆漁を辞めてしまうという思いと、海は逆に奇麗になっているのではないかという直感からとった行動でした。

結果はなんと豊漁で、遠い昔にしか獲れなかった幻のカレイなども揚がりました。そしてこの豊漁によって、廃業を思いとどまる漁師も出て来ました。

廃業しても思いとどまっても厳しい道が待っている中、八木さんは今も全身全霊をもって、大船渡の人々と共にその苦難に立ち向かっています。大船渡に最も激しい形で訪れた「哀」は、むしろ八木さんの志をさらに深める結果になったのです。

しかしこれは、八木さんが「哀」を受け止めずにポジティブでいたからではなく、むしろその逆で、大船渡の人々と同様に深く「哀」しみ、受け止めたからこその志の深まりです。

特に「楽」や「喜」のポジティブ側の人が多い日本では、その点を勘違いする人がことのほか多い気がします。本当のポジティブは、ネガティブをネガティブのまま受け止め、痛み苦しんだ分だけ訪れるということです。

そういう意味で「3・11」や被災地は、皮肉なことに、ごまかしようも軽く受け流しようもない「哀」だったからこそ、そこに日本の本当の出発の可能性が様々に溢れているという、この現実世界の掟ともいうべき峻厳な可逆性を孕むものなのです。

本質本物は「哀」から

「哀」の峻厳さからの出発が、いかに巨大で根本的な解決や取り組みを生むかの代表的な例は、前述した「哀」の国インドのブッダやガンジーの登場でしょう。

二人が成し遂げたことの共通した特徴も、如何ともし難い「哀」の現実をまずそのまま受け止め、それを本質的なところから解決していったことにあります。

ブッダが説いた道は、私たちが「哀しみ」や「解決」と呼ぶ範囲や感覚を超えて、大変に深くて広範囲に及ぶのですが、私たちがその「哀しみ」や「解決」と呼ぶ範囲や感覚を深め広げていけば、彼が説いた道が「解決」であると見ることも可能なのです。

それはイエス・キリストも例外ではありません。彼が「哀」としたことも、人間の如何ともし難い性《さが》そのものであり、ユダヤの人々が「哀」としていたローマ支配の範囲ではありませんでした。

最後の晩餐で愛する弟子たちに語られたことも、「あなたは鶏が三度鳴く間に、私を三度知らないと言うだろう」というように、いわば弟子たちがイエスに学んで「わかった」「持った」と思っていた愛や勇気を嗜めるものでした。

ではイエスは哀しい思いで死んでいったのかというと、そうではありません。私たちにしてみればそれは「哀しみ」でしかないのですが、イエスにしてみれば、それは本書でいえば弟子たちの「喜怒哀楽」の梁の次元の話であり、その奥に本当の可能性や使命を果たす力があることを見抜いていたのです。事実イエスはそれを言い残し、自らは去ることによって、弟子たちの意識は転換し、超人的な愛や勇気をもって布教を果たしていきました。

つまり、イエスが私たちのレベルを超えて人間の「哀」を洞見したからこそ、本当の人間の力や可能性、本当の希望を知り、自他に顕わされていったのです。

ですから、彼が十字架に架けられたことを、今のキリスト教徒たちは「私たち人類の罪の許し」の象徴としてしまっていますが、そんな都合の好いことはないのであり、象徴というなら、本当の「哀」を知っていたイエスと、支配されることを「哀」とするところまでしかわからない当時のユダヤの人々や私たちとの間のギャップを象徴しているのです。

ガンジーはどうやら、そのことを知っていたようです。彼の活動の本質は、ブッダからもイエスからも学びとったもので構成されていて、それを実験、実践してみようというのが非暴力活動の根本「真理把持（サティアグラハ）」だったようなのです。

それは非暴力によるイギリス帝国からの独立という巨大な解決、即ち「実験・実践結果」を導いたわけですが、私たちはその成果しかわからないために、「何か他にも事情があって独立できただけだろう」というように、自分の度量でかんぐり始めるわけです。もちろんそこに真実も教訓もありません。

実際ガンジーは「非暴力」の本質と力をいくつも述べています。それはどれも、様々な如何ともし難い現実を自他の中に抱え、見つめて来た「哀」の人ならではのものであり、同時にイエスやブッダの教えの本質と力に適うものでした。

ですから、ガンジーの活動は、独立という成果以上に、その本質や力の洞見が、「哀」の深さに即して可能になるという点に、その大切さや教訓があるのであり、それは「哀」が本当の出発点となり得ることを示しているのです。

西葛西のインド?

さて、テレビ朝日のワイドスクランブルでコーナーを頂いていた時に、東京の西葛西のインド人街の取材というのがありました。果たして「哀」の国の人々は、本質の洞察力に優れているのか、実験してみました。

番組のテーマは「外国人が日本をどう見ているのか」という、ある意味では漠然としたテーマだったので、これはインド人がどこまで問答に付き合うのかという実験に良いと思ったのです。

インド人たちのコメントに、筆者がいちいち「どうしてそう思ったのか」と突っ込んでゆくと、なんと、インド人たちはすべて返答しました。どんなに「なぜ」と聞き足しても答えました。インドの人たちが問答合戦好きだというのではありません。彼らの返答が正しいかどうかもこの際いちばん大切なことではありません。彼らは普通に、思っているコメントをしただけでした。

つまり、筆者がしつこく突っ込んだくらいのことは、普通に考えているわけなのです。ですから、筆者が問答を仕掛けているとも思っていませんでした。理由や原因となると、知識的な情報を言うくらいで、あとは「どうせ」とか「要は」といったレッテルを持ち出してお茶を濁そうとする人が多い日本にあって、その問答からは、久々に爽快感すら感じました。

下手をすると本書も、レッテル王国日本ではレッテルを貼られてしまうだけで、むしろインド人が好んで読む本になってしまうかも知れません……。

熱海のインド？

ちなみに、なんと熱海にもインドの「哀」のエピソードがあります。「Only 1」という番組で、熱海の活性化に尽力している市来広一郎さんという人に出会ったのですが、彼の活動内容やキャラクターが、筆者にはどことなくインドの「哀」な感じに思えました。すると市来さん、本当にインドに行って人生観が変わり、熱海の活動を始めたそうなのです。

しかも彼は、大手ＩＴ企業にいたエリートだったのですが、なんとそこを辞めて熱海に戻ったのだそうです。市来さんにとってのインド体験のインパクトは相当なものだったのでしょう。

これはインドに行った日本人がよく体験する感覚のようで、筆者も何度か耳にしたことがありますが、市来さんの話も一緒でした。人間と車と自転車と牛豚などが同じ道に入り乱れているとか、ガンジス川で沐浴する人の横で遺体を火葬しているとか、死んだ動物を鳥が啄《ついば》んでいる真横で、平気で店をやっているとか、そういう「死生観」に直結するような光景を見ているうちに、日本では決して培われない「あきらめ」の感覚が、良い意味でも生まれる場合があるようなのです。

市来さんが熱海でどんなことをしているのかというと、熱海活性化のためのツアーを組んだりしているのですが、それは非常にユニークなツアーで、例えばみかん農家ツアー。単なるみかん狩りではなく、農家さんが何年かに一度する、畑の土の掘り返しをツアー客に手伝わせたというのです。何の面白さがあるのかと聞いたら、たまに何代か前の先祖が掘り返した痕跡に出会うことがあるとか……。

それでツアー客は喜んだのかと聞くと、「新鮮な体験だった」と言っていたそうですが、どうでしょうこのツアー。「アリ」でしょうか。

地元の旅館組合の組合長も、さすがに市来さんに「そんなことで熱海が活性化するのか」と言ったそうですが、それに対して市来さん、何か雄弁に反論するのかと思いきや、なんとも言えない笑みを浮かべるだけ。

また、新しいツアーを組んだというから、どんなツアーかと思ったら、今度は「空き家巡りツアー」だそうな。筆者は市来さんのそこに、ガンジーのコツコツ糸つむぎ、コツコツ行進的なニッチさに通じるものを感じさせられたわけなのです。

しかし市来さんの活動は、インドの「哀」同様、ある点では本質の的を外していないのです。

熱海の衰退の原因は、驚くような改善策を耳にしたことがないことからも明らかなように、やはり温泉ハネムーンブームからまんま「直通便」で「哀」の現状になってしまったことにあるでしょう。

そんな熱海の移り変わりを住人として見ていた市来さんも、所詮熱海は東京の宿泊客に依存するしかない町と、あきらめの境涯で見ていたことでしょう。だから自身は必死に勉強し、その東京のエリートにもなったのだと思います。

しかしそれでは、心のどこかで熱海出身者として埋まらないものがあったのではないでしょうか。それが自身の中で明確になったのが、インド体験だったのではないかと筆者は推測するのです。

つまり市来さんは、熱海の衰退の本質を、「住人がいるのに住人の熱海ではないこと」に見たのではないかということです。ですから彼の活動が、住人にとっての熱海の魅力作りという点で一貫しているのではないかと思うのです。これは熱海を客の呼べる町にする観点からしても決してブレていません。そしてこれは、熱海出身の住人ならではの熱海の「哀」の「本質」の見方です。

ちなみにこの執筆をしている日の朝、たまたま熱海で市来さんに出会ったので、熱海の取り組みはガンジーのやり方に習ったのか確認したところ、「は？」という様子でした。つまり「哀」は、別にガンジーやブッダ、あるいはイエスを学ばなくても、「本質」の洞察を生むわけです。

宮沢賢治の石碑

実際「Only 1」では、それらに関わりのないはずの人で、「哀」の現実に対して「本質」から取り組もうとする人に、日本各地で多数出会いました。自身の自殺未遂体験から、そうした人々を心の闇自体から救う活動に身を投じられた方にも出会いましたし、ワイドスクランブルでも、身寄りのない人の終の住処作りに取り組む人や、独居老人を孤立させないための地道な取り組みをしている民生委員の人たちなど、地味な問題に地道に取り組む人たちに、全国で出会いました。どれも決して日本から無くなられては困る取り組みでありながら、顧みられることのないものばかりです。

ちなみに、過去の日本人の有名どころでいえば、あの宮沢賢治も、同じ輝きを放った一人といえるようです。日本を支える存在でありながら、貧困と重労働と自己へのあきらめの中で生きざるを得なかった小作農家の人々への強い共感を示し、励まし続けて、その短い生涯を終えました。

彼は、「3・11」の一つ前の大津波の時に人生を始めました。彼の歩みは、その後の東北の復興と全く無縁のものではありません。

そして今回の大津波では、不思議なことに、あらゆるものを津波が押し流してゆく中で、彼の言葉が綴られた石碑がポツリと残されました。筆者にはそれが何かの象徴のように思えてなりません。

それは恐らく、今被災地に限らず、日本の各地に「哀」の現実が広がり始めていることと、そこに「楽」の直通さと「喜」の作っては壊しが関係している可能性があること。即ち私たち日本人が、楽そうなこと、楽しそうなこと、喜べそうなこと（安易な飛躍）に飛びつく前に、「本当にそれでいいのか」と顧みずに来たことを象徴しているように思えてならないのです。

言い換えれば、私たち日本人に「顧みよ」とメッセージしているように筆者には思えるわけです。これまで「なんとかなる」という「楽」か「一気に飛躍」という「喜」からしか事をスタートしたことがない私たち日本人が、少子高齢化や成熟型社会などといわれる今、その「哀」の深みからの基礎再構築としてのスタートを求められていることを、巨大な津波にも押し流されなかった宮沢賢治の石碑が告げているように、筆者には映るのです。

真
基礎
陰徳・共感・赤心
慈悲・無垢・誠実
止観
自律・肯定・素直
責任・明朗・懸命
疑
恐怖・否定・卑屈
逃避・鈍重・愚痴

5章

番外編

スイスの気質は「怒」歴史は「哀」

怒

哀

今思えば、スイスの旅はちゃんと「喜怒哀楽」のどれかの調査の旅になっていたことに気付きますが、当時はそこまで明確にその目的のつもりではありませんでした。

というのは、筆者は当初、スイスの旅に乗り気ではありませんでした。スイスの鉄道番組といえば、雪山を見て、ホルンとかヨーデルを聞いて、チーズを食べて、ハイジの世界を堪能してという、ありきたりのイメージしかなかったからです。

そういうことには恐らく視聴者の皆さんも食傷気味だろうと思った筆者は、どうせならむしろ逆の、何かお勉強のような、堅いテーマの旅がしたいと思いました。

例えば、永世中立、銀行、時計、赤十字……。誰もが知るスイスのイメージですが、スイスがどうして銀行と時計くらいで食べていけているのかということになると、詳しく答えられる人は激減します。

また、永世中立はいいけれど、なぜ存続しているのか。そもそも政治体制や条約、和睦などという決め事は、一見強固に見えても、時節や情勢の変化などで簡単に崩れたり、破棄されたりするものです。

近々の歴史でいっても、我が国の鎖国体制や、その結果として結ばれた日米の不平等条約然り、あるいは第二次大戦時の軍縮条約、ドイツとソ連の不可侵条約然りです。

まあスイスの永世中立が、そうしたものと同列で考えていいものかという問いはありますが、いずれにしても私たち日本人の中で、スイスの永世中立は知っていても、それを支えているものは何かとなると、すらすらと答えられる人はあまりいないわけです。

そういうわけで、筆者は、スイスを鉄道で巡るなら、永世中立、銀行、時計、赤十字の「なぜ」を学びたいと、番組関係者や撮影スタッフに申し出たのでした。まさかそれが後にちゃんとスイスの「喜怒哀楽」調査になるものとは知らず。

さっそく頓挫?

しかし、実際に旅を始めてみると、スイスの人たちが明晰に教えてくれたのは、時計の技術がどう高いか、国際赤十字の歴史でどんな出来事があったか、あるいは永世中立のことでも、それがどの地域で始まったかという史実くらいで、「なぜ」のレベルになると、明晰に答えられる人が消えました。

出てくるものといえば、なぜか「国の英雄ウィリアム・テル」や「女神ヘルベティア」、「山の魔女」、「悪魔の橋」などのおとぎ話ばかり。「聞きたいのは実話だ」と言うと、大の大人が「実話だ」と言います。

8日間足らずしかない旅で、この調査をどう続ければいいのか。さっそく、旅の冒頭から不安に思うハメになりました。

しかし、そこはやはり「旅力」。それまでの旅同様、旅の最中に起こることや耳にすることなどが、自然にその答えを教えてくれました。

スイスの水

まず起きたこととは、水のこと。スイスといえば、水の国というイメージがありますが、実際もそうでした。

旅の最中に目にする湖の景色が、本当にこの世のものとは思えないほど美しかったり、山の国だけあって、方々で信じられないような強烈な豪雨に突然見舞われたり、山のそこかしこに川が現れたり、消えたり、膨大な水量の滝が、なぜかこれ以上高いところはないという山の頂き辺りから噴き出していたり。

さすがに高地だけあって、我々の住む世界の水のあり様とは違い、どこか峻厳さというか、聖書に出てくる世界のような神聖さをたたえているのです。

そのせいか、スイスはチャップリンやゲーテのような有名な音楽家、芸術家、思想家などに愛され、各地にその歴史が刻まれているようでした。

筆者自身、スイスの水には不思議な感覚を覚えることが少なくありませんでした。特にその山頂の大噴水を見ていた時などは、なぜか涙が溢れて来ました。

山を下りて訪ねた、ある人のお宅でその話をしたら、「君もか。我々もそうなんだ。スイス人は、雨や川、滝を見て、よく泣くんだ」と言われました。

もしかすると、日本でも高千穂や屋久島などの秘境ではそうなのかも知れませんが、かつて人の踏み入らなかった自然というものは、どことなく心を持っているかのように感じさせられるものなのかも知れません。

スイスは、今でこそどこでも人が住んでいますが、もともとはその多くが、人の踏み入れない場所でした。そうしたところでは、スイス各地にある魔女伝説やおとぎ話のように、自然の営みが意志を持っているかのように感じるのです。

しかしその時点では、それがまさか後々、自分が調べている「なぜ」や、果ては「喜怒哀楽」に関わるとは思いもよりませんでしたが。

ライオン像が象徴するもの

また、耳にしたことといえば、スイス中で人々に「是非見に行け」としつこく言われたのが、ライオン像でした。

どうやら昔スイスで起きた悲劇を象徴するモニュメントのようで、見に行けという人々が、その悲劇を説明する時に、なぜか必ず昨日の出来事のように、沈鬱な面持ちで語るのでした。

ということで、とりあえずそのライオン像を見に行くことになりました。すると、年配の人はもちろんのこと、まだ中学か高校かというような少年や少女たちまで、まるで自分の父親が戦死したかのような沈痛な表情でライオンを眺め、祈りを捧げて帰って行きました。

決して、例えば学校で「そういう表情をしろ」と教わったとか、えらく演技染みた国民性だとかいうのではありません。まるで彼ら自身が何かを強く悔いているかのようなのです。

今もローマ法王が住むバチカンの護衛をスイス兵がしているのは、かつて傭兵をフランスやイタリアなどの地域に売っていたそうです。それがある戦争で、当事者同士が逃げてしまい、スイス兵同士が殺し合うことになってしまったのだそうです。

今もローマ法王が住むバチカンをスイス兵が護衛をしているのは、その時の勇敢さが讃えられてのことだそうですが、スイスでは逆にそれが悔恨の歴史となっていたのでした。

日本では先の大戦や原爆のことでさえ、体験者や被害を受けた地元の人々でもない限り、なかなかそんな面持ちで語りはしないだろうというのに、これは一体どうしたことかと、不思議になりました。

見えて来た「なぜ」

筆者はなるほどと思いました。思ったと同時に、マズイことになったとも思いました。スイスの様々な「なぜ」、永世中立が続いている理由がわかったのですが、実に直感的なもので、決して専門的なものでも、論証的なものではなくなったからです。

そうすると、番組として反映しづらいのです。実際のところ、編集上は詩人の旅のようになってしまいました……。

もちろんそれも悪くはありませんし、ある意味では事実でもあるので、番組に何ら文句があるわけではないのですが、そのわかったことというのは、これからの日本人にも大切なことも含んでいるので、もったいない気もしたのです。

旅の期間がもっと長いなり、編集期間がもっと長ければ、詩的な旅の上に、そうした要素も反映できたかもしれません。

では何がわかったのか。永世中立が続いている理由は、ある意味で旅の体験そのまま。筆者が感じたところでは、大まかに三つありました。

一つは、スイスに造詣がある人であればご存じのように、物質的な資源に乏しい国なので、ある意味においてはですが、その分攻め入られる理由も少ないこと。これはまた同時に、日本とも似ていると思いますが、時計にみられるような、スイスの加工技術などの発達の理由にも関わるでしょう。

そして一つは、スイス人たちの、傭兵の悲劇への尋常ではない悔恨の念。本来憎むべき戦争に、商売として関わったことと、その結果の悲劇に対して、彼らの信じるキリスト教義に反していることも相俟《ま》って、拭い去り難い贖罪感、即ち自身への大変な「怒」りと、傭兵の「責任感の強さ」が生んだ末路への深い後悔にも似た「哀」しみになっていたことです。

この「哀」しみが「怒」りを自身のものに転換する機会になったことが、永世中立への確固たる信念を創出し、その信念こそが永世的な中立を下支えしているようなのです。

他方これは、スイスの銀行のありようとも直結しているでしょう。永世中立が不確かなものであれば、国外からの顧客もなかったわけですから、そのもとをさかのぼっていったところにある、永世中立を確固たるものにしているその信念が、スイスの銀行をスイスの銀行たらしめているともいえるからです。

もちろん、スイスが傭兵の悲劇だけで永世中立になったというのではありません。また、非戦のためだけに永世中立になったというのでもありません。

肝心なのは、国際関係というものに対して、依存的にではなく、自立的に関わりたいという、スイス人たちの傭兵の悲劇以前からの〝悲願〟です。

傭兵の悲劇は、まさにその依存的な国際関係ゆえに生じた悲劇であることからも自明のように、あくまでも象徴、あるいはキッカケです。

ですから、スイスは決して永世中立の立場から国際関係を拒絶したわけではなく、むしろ積極的に関わっています。

つまり、永世中立とは、国際社会に対していかに依存的にではなく、自立的に関わるかという、一種の国際関係図、即ち「知恵」なのです。その知恵は、願望のレベルを超えた〝悲願〟があってこそ生まれ、存続しているということです。

そしてもう一つが、水の力。筆者自身の滝などでの体験からも確信するのは、永世中立や国際赤十字の発想、あるいはフランスの人権宣言の発想など、当時としては思いつくことすら難しかったはずの国際協調の発想は、その多くがスイスを発祥としているところがありますが、実はいずれも、その発案者や創始者が、スイスの水を見ているうちに着想していると思われる点です。

物質的な資源に恵まれなかった分、スイスは水という精神的資源に恵まれていたということです。あるいは、スイス人たちは、水というものの精神的資源性に、無意識ながら気付いていているということです。

これはまだ、我々人類にとって未来の発想のものです。これから世界は、石油ではなく水で争うことになると言われていますが、それはまだ水を物質的資源ととらえてのことですから、水の精神的資源性はさらに未来のことになるわけです。

しかし、彼らが水辺で着想したという記述や証拠があるわけではありません。加えて、水の精神的資源性は未来の話ですから、やはり番組の見解として明言できたわけではなく、あくまでも筆者一個人の推測にとどまりました。

確認するには、実際にスイスを訪れ、「なぜ」を胸に旅してみるしかないわけですが、逆にそうしてみれば、それが間違いではないことがわかるでしょう。

歴史は人間のものか

「資源の乏しさ」「傭兵の後悔」「水の豊かさ」。三つの理由のうち、どれかひとつだけでは、永世中立の存続の理由、あるいはそれに付随するスイスの時計などの技術力、銀行のありようなどの理由にはなりません。三つが揃って、初めて一つの大きな理由になったのでしょう。

しかし、そうはいっても、敢えてどれが最も大きな要因かといえば、筆者が感じたところでは、実は三つめの理由、水でした。

言い方を変えれば、失礼に聞こえるかも知れませんが、スイスの今は、一見、そこに住む人々の苦労や発想によって永世中立国、国際機関の集中する国になったようで、実はスイスの自然条件や地理条件、とりわけ、それと不可分の関係にある「水のあり様」にもっぱら導かれたようにも感じてしまったのです。

つまり、おとぎ話の国・スイスならではの結論です。もの語る水が、もともとにしてスイスが中立国際国になるべきことを予め知っていて、水辺に訪れる彼らにそう語りかけていた、そんな感じです。

しかし同時に、それはスイスに限らない、世界中のあらゆる国に言えるような気もしました。

イスラムの国で教わったのですが、筆者が大好きなモスクの水色のタイル。なぜ水色なのかというと、砂漠だからなのだそうです。

水がない国の民だからこそ、死んだあとの天国は水の国だと思っていて、だからモスクに水の天国を表現するのだということです。つまり、水のあり様が思想や文化を規定しているわけです。

世界の国々の歴史は、その国の人間が紡いでいるようで、実はその地の地理条件、自然条件、とりわけ水の様態に規定されていると言っても、実は過言ではない部分があるのです。

スイス人の尊敬すべき点

しかし、そこにこそスイス人の尊敬すべき点もあります。国を地理条件、自然条件に沿ったものにすること自体が、大偉業だと思うからです。むしろ世界の国々の、最も高貴であるべき目的ではないでしょうか。

スイス人たちは、時節の変化や複雑な国際情勢がある中で、そこに肉薄しているのです。それは仮に尊敬すべきとまでは言わずとも、少なくとも一考に値するものではないでしょうか。

我が国の場合、スイスのように水に恵まれ、加えてスイスよりも平地に恵まれ、しかも外国からの侵略を受けづらい海にまで恵まれているにもかかわらず、水源である山は意外と放置状態のところが多く、外交や国際意識の面でも、人々の意識は、老練の域にまで達していないような感じがします。その意味では、スイスの人々の歩みや思考から、学ぶべきところは多々あるのではないでしょうか。

先般の異常な円高の最中、スイスフランも同様の異常高騰があったのですが、あっという間にやり過ごしてしまいました。そこにあった日本との差は、決して事情の差ではなく、通貨高騰という「問題」や「苦」というものを前に、まず受け止めようとしたか、受け止めようとしなかったかという、「精神性」の差もあったのではないかと考えるのは、うがちすぎた見方でしょうか。

日本人は、まず「問題」や「苦」を芯から受け止めずに、うまくやり過ごそうとする傾向があるように思えます。いよいよ避け切れないと判断してから、ようやく行動に打って出ることも少なくないのではないでしょうか。それでは後手になってしまう可能性が高まるわけですが、一方、それに比べて、スイス人たちは、どちらかというと、まず、事前に動きだし、対策に乗り出します。安易な避け方を考えることは最初からしないことが多いのです。問題は、そのような傾向の差が一体どこから生まれたのかということです。

旅の感想から言えば、スイス人たちは、苦難の歴史の中で、その「苦」をスタンス、あるいは住処とする精神性を培ったように感じます。一つの苦難が去っても、次の苦難を考えているという感じでしょうか。

対して日本は、「安楽」を住処としている感じです。一つの苦難が去ると、「ああよかった」と「安楽」の住処に帰ろうとしてしまうわけです。

なので、日本人はどうしても「苦」を非常時、「安楽」を平時と認識してしまいます。

そこがスイス人とは大きく異なるような気がしました。そして、その点こそが、日本が永世中立についてもう一歩知っておかなければならないことでもあると思いました。

まず、少なくとも私たち日本人は、「資源は見立てである」ということを知らなければならないのかも知れません。スイス人の歴史は、ある意味ではそれに気付いてゆく過程だったようにも思えます。

かつてスイスは、日本と同様、物質的資源の乏しい国でした。人々は困窮に困窮を重ねていました。そこに、傭兵の悲劇もありました。しかし、今では「困窮の国」だったことが嘘のようです。

物質的資源が豊かになったわけではありません。それに代わる何らかの資源があるということですが、それがその「苦を平時」とするスイス人たちの精神性、世界観である気がします。

世界、即ち国際社会というものは、どうやら「苦」が平時のように思います。ですから、一見スイスも日本も同じように国際的な国に見えるのですが、私たちとは何か大きな違いや差がある気がしてくるのだと思います。それは西洋と東洋の差ではありません。

昔から物質的資源の乏しさという「自然の厳しさ」と、橋を一つ架けることが国際紛争に巻き込まれることにつながるような「国際社会の厳しさ」を体感して来たスイス人たち。そこで培った「苦を平時」とする精神性。筆者はこの「お勉強のスイス旅」で、私たち日本人が、そこに尊敬すべき点、即ち学ぶことのできる点があるように感じました。

おとぎ話も「知恵」だった

旅を終えてふと思ったことがあります。スイスのおとぎ話です。大の大人が「実話だ」というありさまのそれです。旅の最中はおちょくられているのかと思っていましたが、旅が終わりにさしかかると、違う感慨が湧いて来ました。

実は彼らは、おとぎ話の「活用法」に長けているのではないかという感慨です。何に活用しているのかというと、歴史の教訓です。

歴史というものには、日本を含めてどこの国にも、教訓として活用すべき経験が多々あるものです。失敗の歴史であれ、成功の歴史であれです。しかし、それを活かせるケースは、決して多くないように思います。

理由は、原因が単純ではないからです。どんな歴史の一コマであれ、いくつかの事象が一つの結果を生んでいます。つまり、一つの結果に対して、原因は一つではないわけです。永世中立の存続理由もそうでしたが、筆者の個人的な見解でも、理由は三つ考えられました。

原因が一つに収斂《しゅうれん》されるとしても、それはメンタル的なものや、抽象的なものになってしまいます。実は、スイスのおとぎ話や伝説の登場人物は、その擬人化である可能性が高いのです。

ウィリアム・テルは、スイスの成立のために必要だった「勇気」、ヘルベティアは、スイスの様々な民族や言語圏の人々が一つになるための「知恵」、山々の魔女たちは、人間が生活するために逆に不可欠な、人が踏み入ってはならない、汚してはならない場所の存在を示す「象徴」ともとれるのです。

悪魔の橋の「悪魔」は、スイスの地理条件の生かし方と注意点を象徴していました。スイスのある町で、「交通の要所になれる」として橋を架けてしまったがために、外国の戦争に巻き込まれてしまった歴史があるのですが、それを擬人化しているわけです。

ですから、スイスの大の大人たちが「実話だ」というのは、筆者をおちょくっていたわけでも、論拠がないわけでもないのです。

筆者はその「おとぎ話の活用法」にも、一考の価値があると思うようになりました。特にかつてはおとぎ話の多かった我が国にも有効な気がします。

つまり、スイスとはまさに「知恵の国」でした。そう見立てたときに、スイスは我々日本、あるいは日本人にとって、実に学ぶべきことの多い国であることを、筆者はこの「お勉強の旅」で見極めたのです。

6章 歴史は「喜怒哀楽」脱却の奇跡の積み重ね

「喜」から脱却できなかったフランス

ここまで「喜怒哀楽」を代表する国の特徴を分析してきましたが、次は欧州の国と日本を中心に、「喜怒哀楽」というものを歴史的な観点から掘り下げてみたいと思います。

世界の歴史は常に、奇跡的に「喜怒哀楽」からの脱却を遂げた時に難を逃れ、脱却できなかった時に悲惨な末路を経験して来たとも言えます。

ドイツのナチスの台頭は、ドイツの人々が「怒」から脱却できなかったその典型的な事例ですが、例えばフランスも、かつて悲劇に陥ったことがあります。「フランス革命」の後の「恐怖政治」です。

これを読み解くと、実に複雑な経緯や関係図の話ではあるのですが、一つの見方として、革命を機に、その後のフランスのあり方の構築を、皆が皆「我こそは」と進み出、エスカレートしたりぶつかり合ったりする中で、恐怖政治に陥っていったと見ることもできます。

既に産業革命を遂げて国力が巨大化したイギリスの脅威への焦りも相俟《ま》って、対立意見をゆっくり精査したり取りまとめる暇がなかったこともありますが、「自分こそがわかっている」という、それぞれの立場の人々の強い確信や自信が、何にも況《ま》してお互いに意見調整することを許さず、対立や勢力化が起こり、同時に反革命の疑念や脅威感の集団心理的なエスカレートを生み、遂には粛清の蔓延に陥っていったのです。

つまり結末としては敵視や恨み合いのような「怒」の様相を呈したところがあるにしても、その入口から国民同士が敵視し合っていたのではなく、実に「喜」ならではの急激な強硬意見の乱立と対立の結果、即ちみんながみんな激しく行動してしまったがゆえに、思いもしない末路に至ってしまったという話だったのです。

ですからフランスの恐怖政治は、フランスの人々が革命を機に暴発した「喜」から脱却できなかったために、陥った末路ととらえることも可能なのです。

ちなみにフランスとドイツは、今やＥＵの主要な先導役になりましたが、この仏独の歩み寄りこそが、昨今のＥＵ危機回避の取り組みだけではなく、ＥＵ誕生にも欠かせなかった主因でもあるように思われます。

この歩み寄りは、仏独がそれぞれに前述のような「喜」「怒」の悲惨な末路を体験し、その無益さや無自覚の恐ろしさに多少なりとも気付いたことと無縁ではありません。

傍目から分析してみると、ＥＵ内での発言権や、ひいては世界に対する立場を強くするためだろうというような分析になってしまうのですが、仏独は本来、それではとても説明がつかないほどの犬猿の仲だったのであって、仮に覇権狙いだとしても、そもそも仏独が歩み寄るためには、その犬猿の理由である互いの如何ともし難かった「違いの認識」が自他ともに不可欠だったのです。

ですからＥＵは、まだまだ今後に大きな不安を抱えていますが、少なくとも人類の紛争の近代史の中心地だったヨーロッパにそれが起こったという点で奇跡と言い得る部分がある上に、その奇跡は、仏独の「喜」「怒」からの脱却の取り組み、あるいはもう一段深い意味での「喜」「怒」への発展の取り組みに、大きな要因の一つを見ることができるのです。

ＥＵ危機の際に、フランスが発展策、ドイツが倹約策を主張したことと、それが両者の決定的な齟齬《そご》にならなかったことは、そういう意味で両方とも実に象徴的なことだったのです。

私たち日本人からすると、どうしてもＥＵを米や中露の影響抜きに語ると網羅感が無いように感じてしまいますが、この脱却論、深化論は、ＥＵ誕生の「内因」と「外因」のうちの「内因」、即ちＥＵがＥＵ自体のどのような理由から生まれたのかと考えた時にあらわれて出て来る一つのポイントであり、逆にそれを抜きに米や中露の影響を考慮してＥＵ

を眺めても、ＥＵの意義や今後の展望を見定めることができないのです。

ドイツは「怒」を卒業？

実際に筆者は仏独両国にも行ったことがありますが、やはりドイツは、まるで「怒」から卒業してしまったのではないかとも思えるような空気感に包まれていました。

それは旅人に対するふとした態度や素振り程度のことにも表れるものなのですが、例えば道を教えてもらう時に、徹底的にわかりやすく教えようという一種の「律儀さ」や「責任感」のようなものを感じさせられました。逆にそれができない時、即ち道をよく知らない時などは、安請け合いをせずにハッキリと「ＮＯ」と言うのです。

こちらとしては「あっちの方角だった気がする」程度でもいいのですが、ハッキリと「お答えできない」と言ったり、中には「一緒に探そう」と言う人もいて、いずれにしても相手が困らないように「律儀さ」や「責任感」を発揮するのです。

また筆者はそのドイツの旅の中で作曲をしていて、詞の翻訳を列車に乗り合わせた人が協力してくれたのですが、きっちりと最後まで責任を持ってやり遂げてくれた上に、何も

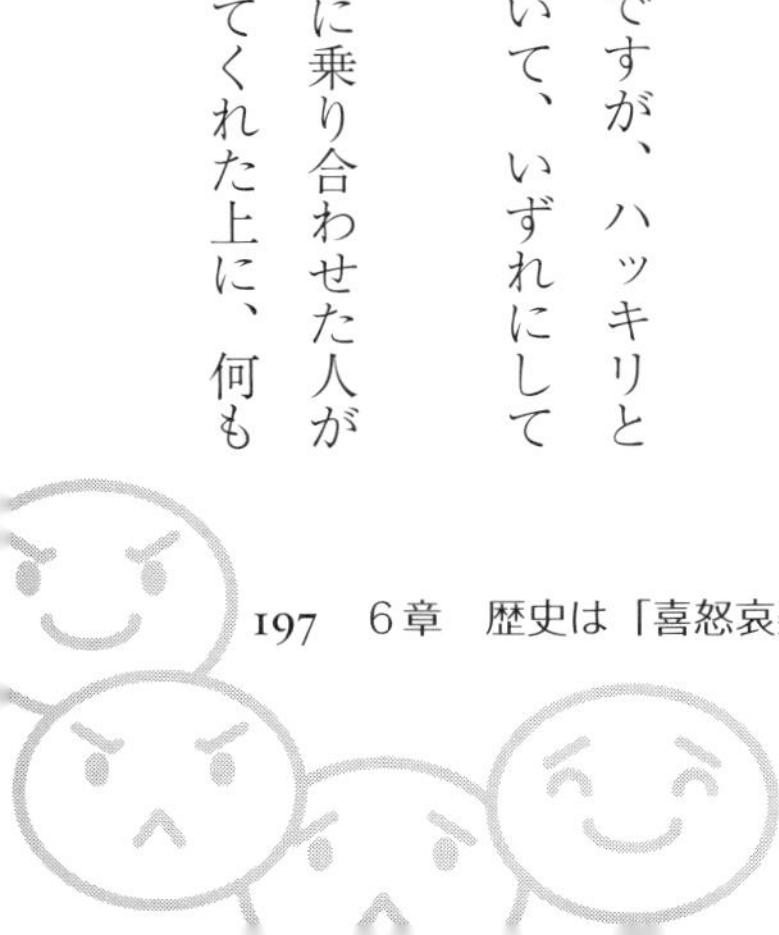

なかったように自分が降りる駅で去っていってしまいました。

筆者が「責任感」のレベルと感じることが、ドイツではあたかも当たり前のことのようなのです。そしてそこには常に、恐らく戦前にもあったであろう「責任感」や「正義感」と、戦前には無かったであろう「柔和さ」とがありました。

その「柔和さ」は決して平和な時代になったからというものではなく、大戦の反省や自覚と、東西ドイツの統合やフランスとの歩み寄りなどから生まれた、新たな「他者信頼」の感覚の表れであることは、想像に難くありませんでした。

というのは、もともと「責任感」や「正義感」と「柔和さ」は相反しやすいものであり、他者への不信感を転換しなければ決して同時に表れることがないものだからであり、逆に「責任感」や「正義感」は、他者不信の歴史が無い限り強まることは無いものだからです。

ですから、筆者がドイツの人々と触れ合う中で感じた「怒」の気質は、どうしても一段高いレベルのものと思わざるを得ないものであり、ドイツが原発事故の当事国である日本よりも先に脱原発に取り組み始めた時も、「やはり」と思いました。

一方、日本では、電気料金の高騰や、CO_2排出量の増加などを挙げ、ドイツの脱原発を無意味と評しようとする考えが根強くあることにも「やはり」と思いましたが。

もちろんドイツは電気料金の高騰や、CO_2排出量の増加を知らなかったのではなく、当然リスクと認識していたのであり、だからといって何もしないわけにはいかないという、私たち日本人よりも一段高い危機感や責任感があったからこそ、無理でも脱原発に挑戦しているともいえるのです。

もちろん、ドイツと日本を同一条件で完璧に比較するのは無理ですし、エネルギー問題が、そう簡単に成就するなどと思ってもいません。ただ、この問題は、単に自分や自国のためだけに挑戦すればよいというものでもないのです。

世界が昨今、野心家に対する怒り、あきらめや他人事の闇、即ち「喜怒哀楽」の闇に引き戻されようとしている中にあって、ドイツのようにそこからの脱却に取り組んでいる国が存在してくれることのありがたみは、仮に脱原発が失敗に終わろうとも、そのプロセスの恩恵を含め、今後もっと大きなものとなって返って来るでしょう。

フランスは「喜」の最先進国？

一方フランスは、芸術を愛していたり、言葉にも美的な響きがあったりしますから、一見「楽」なのかなと思わされるほど穏やかな印象を受けますが、とんでもありません。造詣のある読者はご存じのことと思いますが、フランスの人々は大変強い理念があり、常に見解が明確です。

芸術についても、フランスの人々にとってそれが政治や経済の問題に比べて低位にないことには、逆に「楽」ではなく「喜」ならではの意味、即ち単なる趣味趣向の問題ではない「文化力」としての意味への認識があるのです。

語弊を恐れずに少し踏み込めば、フランスは「文化力」が「文明力」に勝るとも劣らないことを知っていると言うべきでしょうか。

「文化」と「文明」と言われると、私たち日本人は敢えてその差を考える場面があまりありませんし、敢えて印象で比べても、どうしても「文化力」の方が弱いように思えてしまいますが、実は日本も、「文明力」以上に「文化力」の強みを持つ国なのであり（筆者がしつこく述べている憲法9条の意義も「文化力」に類する部分があると言えます）、フランス人が本能的に日本の文化に興味を持つのも、芸術文化好きだからという以上の実質的な意味があるのです。

この「文化力」が「文明力」に勝ることは、これからの新しい時代にははっきりして来ます。それは両者の相反する性質に理由があります。「文明力」が他国や自然環境に対する「抗力」であるのに対し、「文化力」は他国や自然環境に対する「融和力」「調和力」「調整力」となる点です。

ですから、人間の争い事に地球の自然環境が無縁で済んでくれていた（つもりの）これまでの時代ならば、アメリカのように文明力を戦わせて「勝てば官軍」を世界に誇示していれば良かったのですが、それが一変した今、その「文明力」と「文化力」の違い、あるいは文化力の優位性が、否が応にも明確に現れて来るのです。

もちろんそれは、単に自然環境を考慮した場合だけの話ではなくて、世界の国々の関係がこれだけ高速化、複雑化、巨大化した現代においては、「抗力」よりも「調和力」「調整力」の方が重要になって来ており、その際に「文化力」は国際力そのものになって来るのです。

そんな大事なことをなぜ私たちがあまり耳にしないのかというと、文明信奉者は自分こそが文化信奉者だと思っており、文化理解者は私たちとは違う意識の次元に行ってしまっていて、そのことに言及しないために、私たちはそれを耳にすることがないのです。

では、なぜフランスがそのことを知っているのかというと、前述の恐怖政治や、大戦時のドイツによる占領などを通して、西洋文明思想の勝者論理の裏腹さやはかなさ、危険さを痛感して来たからです。

かつてフランスを旅行したことがある方が、「若い男女がカフェで何を話しているのかと思ったら、哲学や理念の話だったのには驚いた」と言うのを何度か耳にしたことがありますが、そうした中でフランス人は、ある意味で西洋思想、即ち文明力の価値の論議を極めてしまい、突き抜けてしまったようなのです。それが東洋文化、とりわけ日本文化への強い興味として表れているようで、先日も東京の谷中の友人を訪ねた時、近くの古民家再生のカフェに行ったら、フランス人だらけでした。

最近は拙宅がある静岡の伊東に戻っても、円安の影響もあってか、外国人観光客、とりわけフランス人観光客との遭遇率が高く、伊東の古い木造建築の旅館「いなば館」には、ひっきりなしにフランス人が泊まりに来ています。

その向かいの鰻屋さんに入っても、必ずフランス人に遭遇する有様。本来鰻は、海外では苦手な人も多いはずでしたし、和食といえば寿司と相場が決まっていたはずですが、どうやら、もはやそれは昔話で、特に日本通のフランス人たちは、食べ慣れているかのように美味しそうに鰻を頬張っていました。

今やフランス人は、まるで日本文化宣伝大臣のような状態。それこそ、無農薬の田んぼを始めると、どこからともなくやって来る鳥や虫たちのように、一体どこで聞きつけたのかと不思議になるくらい、日本文化のあるところには必ず出没します。

それはもはや、日本文化に対する西洋人独特の違和感を楽しんでいるという次元ではなく、実はそこにある未来や実質的な力を見出しているのです。

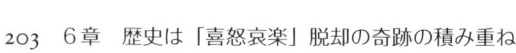

ですからフランスはドイツ同様、世界が今再び野心家やそれに対する怒り、あきらめや他人事の闇、即ち「喜怒哀楽」の闇に引き戻されようとしている中にあって、そこからの脱却、即ち決して自国の発展やメリットだけに寄与するとは限らないＥＵにあって、その危機回避や発展に取り組んでいることの価値が、今後もっと大きなものになって来るはずです。そして、日本の本当の力に、西洋の側にあって気付いてくれていることの価値も、日本が勘違いした方向に進まなかった場合に限りですが、もっと明確なものになっていくでしょう。

次の時代を調和にもっていける国というのは、いかに国力や軍事力などの「文明力」が大きいかで決まるのではなく、いかに「大人」か、即ち「喜怒哀楽」の闇にどれほど埋没していないか、脱却に取り組んでいるかという「文化力」で決まります。世界の歴史は、

「喜怒哀楽」の脱却によって存続して来たのであり、脱却の失敗が悲劇を生んで来たからです。

仏独と日本の脱却度

ちなみにドイツは、イギリスの産業革命を受けて、フランス以上に文明力の増強過多に陥った国です。イギリスに続いてフランスが革命を起こし、巨大な文明力を持ったことで、ドイツはその巨大なダブルの力の脅威に急遽対抗しなければならなくなり、まるで文明力だけの国であるかのようになってしまったのです。

後のナチスの強力な軍事力や、国民の機械のような団結も、今、仏独の違いが文化的と文明的の差のように感じられるのも、そのことに端を発しています。

これはいわば「産業革命の劣化伝播」とでもいうべき現象で、そのさらに後に革命を起こしたのが日本ですから、イギリスやフランスの革命のタイミングでは、文明力の増強と共に封建体制やその意識も改革できたのですが、ドイツや日本は、その改革されるべきはずだった封建領主こそが改革を進める格好になったため、文明力信仰と市民の封建意識が残りました。ですから、仏独の「喜」「怒」の違いは、産業革命のタイミングの差から生じた部分もあるわけで、今、仏独が欧州の他の国や米露に先んじて取り組んでいるそこからの脱却は、産業革命の産物である文明力信仰から文化力の時代への意識のグレードアップともいえ、そこに犬猿の仲だった仏独の一致点や共通点が存在したからこそ歩み寄れたともいえるのです。

また、文化力への意識グレードアップの順番が、フランス、ドイツ、日本の順になっているのもそのせいです（正確には再グレードアップ）。日本に至っては、今という世界的な規模の時代の転換期が、文明力から文化力、即ち対抗力から協調力への転換期であることを、あるいは今がその転換期であることさえ、あまりよくわかっていません。

今という瞬間は、イギリスの産業革命から始まった、列強の文明力の飛躍的な巨大化の下に、世界の勝者と敗者への分断とその栄枯盛衰、そして、そのことによる地球環境の激変の渦中にあり、しかもこの先の自国の希望がその文明力信仰の下にあると思うか、文明力信仰からの脱却やグレードアップの上にあると思うかを選択する転換点となる重要な瞬間なのです。

私たち日本人は前者か、前者と後者との中間を選べると思っていますが、両者は性質が反対であり、ステージが違うのです。仏独は、どうやら後者を選んだように筆者には映り、米中露はまだ後者を選べないステージにあるように映り、日本は後者を選べるのに選べないと思っているか、選ぶ必要性が明確にわかっていないように映るのです。

それはもちろん、筆者がしつこく訴えている憲法9条の是非と同じ話です。

日本の歴史にも「楽」脱却の奇跡が

日本の歴史も同様に、常に「楽」からの脱却を遂げた時に奇跡的に国難を逃れ、脱却できなかった時に悲惨な末路を経験して来たように思います。

前者は近い時代では日露戦争、幕末の維新、遠い時代では元寇や聖徳太子の外交、後者は第二次大戦や、その悲劇の火種をたくさん抱えている今の社会です。

日露戦争は、検証すると勝ったというよりは負けにならなかった、あるいはよくも負けずに済んだものだと、背筋が寒くなる戦いだったことがわかって来ます（当時のその検証の乏しさが、結局後のノモンハンでの無惨な敗北につながるともいわれています）。

最終局面の日本海海戦では完全に近い勝利を収めましたが、それまでは失敗の連続で、特に陸軍の旅順攻略の正面突破作戦は、ロシアの不可解な撤退がなければ、玉砕を免れなかったであろうほどの無謀な策だったと言います。

そして最後の最後でようやく相手の戦力や地の利を顧慮した、二〇三高地攻略作戦に切り替わり、日本はかろうじて旅順を落としました。相当な戦力を失った上でのことですから、それも間一髪の奇跡的な成功と言わざるを得なかったようです。

もし旅順を落としていなかったら、旅順に隠れていたもう一つのロシア艦隊が生きていたことになります。そうなれば、艦隊を一つしか持っていなかった日本は、日本海でバルチック艦隊と一対一で戦うこともできなくなっていたのであり、その勝利もあり得なくなっていたわけですから、日本は実に崖っぷちすれすれで奇跡の勝利、否、危機回避に成功したといえるのです。

その奇跡のきっかけになったのが、のん気と言わざるを得ない四角四面な作戦の徒《いたずら》な繰り返しによる、手痛い敗北と甚大な犠牲の果ての、二〇三高地攻略の有用性への目覚め、即ち現実への目覚め、「楽」からの脱却だったとも言えるのです。

また維新も、私たち日本人がいつの時代も陥りがちな内向きさや鈍感さからの脱却を命がけで遂げんとした、吉田松陰や勝海舟、島津斉彬や西郷隆盛ら多くの志士の同時多発的

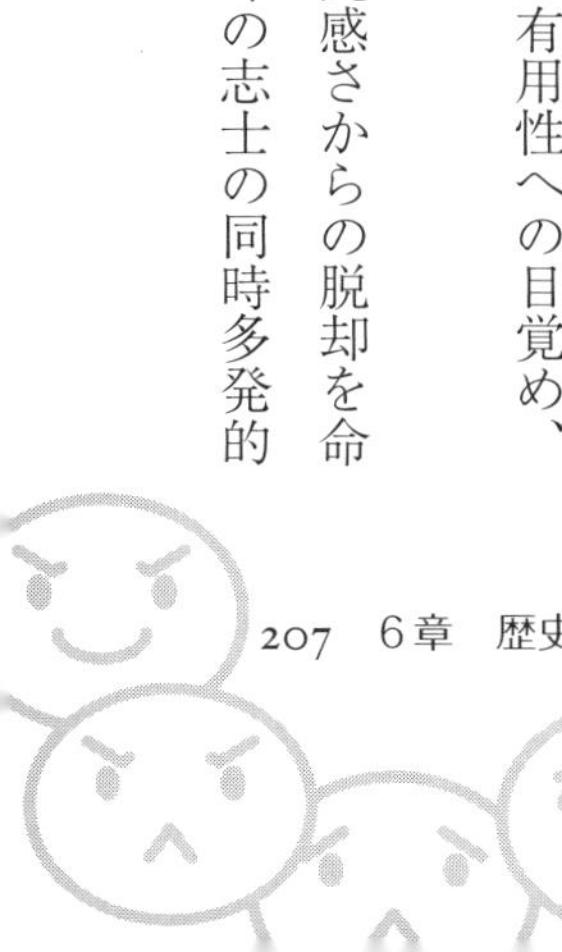

な登場なしには、列強の植民地化を免れませんでした。

今となっては、下手をするとそれも、まるで黒船が来たことによる当然のなりゆきのようにも見えかねませんが、詳しく掘り起こせば掘り起こすほど、その同時多発は決して当然のなりゆきではなかったように思います。

日本の当初の目標は、外国を追い出せという攘夷か、幕府のような恭順のどちらかしかありませんでした。

もちろんどちらも植民地化を防ぐ有効な目標でも方法でもありませんから、日本はその植民地化の危機において、ますます深刻な状態に陥っていったのですが、そこから立場が全く違う志士たちが遂げた目的の深化とネットワークの醸成は、場当たり的な動きという解釈では決して説明がつかないものなのです。

つまり、志士たちの中に、事態打開の「青写真」が立場や己の能力を超えたところにしか存在し得ないという、命がけでなければ感じられない共通の予感があったと想定しない限り、なぜ場当たりや井の中の蛙の結果に陥らずに目的の深化とネットワークの醸成が叶ったのかの説明がつかないのです。

御法度であった外国渡航への度重なる試みに見られる、吉田松陰の異常なまでの危機感と、松下村塾の門下生たちの激しいまでの覚醒、勝海舟との出会いによる坂本龍馬の変貌、桂小五郎の恨み節を黙って受け止めた西郷隆盛（桂の本意が深かったのに加え、それを西郷が感じとったから）、その西郷と勝海舟の会合による江戸城無血開城と将軍切腹免除の決定など、立場を超えた共通の何かへの協働としか言いようのない奇妙な志士たちの振る舞いの積み重ねの果てに、日本の植民地化回避という奇跡は成就しているのです。

果たして、その「共通の青写真」とは一体何なのか。

それを即席に「植民地化回避だ」と断言することはできません。それだけでは、植民地化の危機の原因が「列強だ」「幕府だ」「長州だ」と外に分散するばかりで、決して共通認識にならず、これほどの協働は生まれ得るはずがなかったからです。

ですから、少なくとも、志士たちが問題を自分自身に引き寄せ、自己改革することの先に奇跡の現実味を見る姿勢と、それに対する互いの共感があったということは言えるでしょう。事実志士たちは、いくつもの自身の見解や立場を超えて協働してゆきました。

そうです、日本の植民地化回避は、「外」への対抗ではなく、志士たち自身の「内」の改革、即ち自身の古い価値観や世界観からの脱却、「楽」脱却の取り組みによる深化とネットワーク醸成の奇跡だったのです（志士個々人でいえば「喜怒哀楽」それぞれからの脱却があったが、国や時代全体としては「楽」からの脱却）。

そしてもう一つ重要なのは、そうだったからこそ、遂に列強が日本の植民地化の大義名分を得ることができなかったことです。

日本人が分裂してくれなかったこと、日本人が日本の統治能力を失ってくれなかったこと、日本が最終的には自分たちとの通商交渉の枠をはみ出して軍事攻撃に転じてくれなかったこと、そのため列強の自国民たちの世論が、日本に敵対してくれなかったことが、実は大変に重要な要素だったといえるのです。

相手を変えようとするのではなく、自身が変わることの「権利」としての絶大な効力が、見事に発揮されたのが維新だったとも言い得るわけです。

ですから、この維新の話はつくづく、日本が列強に侵略されなかったのが、日本の武力のおかげではなかったことを示しており、また9条の話を持ち出しますが、その点において幕末の動きや明治維新と9条は何ら矛盾しないのです。

また、私たちの「危機になればまた志士が出て来てくれるだろう」という神風信奉的な「楽」観論も成立しないのです。それは「自身が変わる権利とその効力」にむしろ反する態度であり、そうした私たちの中から志士が創出されることは、決してないからです。

現に第二次大戦の際にはそのような役割を果たし得る志士は現れず、日本は大変な惨劇に見舞われてゆきました。そして、現在の私たちの危機も、問われるのは私たち自身の変化であり、その唯一の条件の上に平成の志士が創出されることに、幕末の維新との違いは一切ないと心すべきなのであり、それこそ神風のような他人事現象は固《もと》より決して起きないのです。

元寇の「楽」脱却

また時代をさかのぼって、その日本の悪しき神風の「楽」観論が生まれた源である「元寇」も、よくぞ最後の最後に北条時宗が有効な戦略を思いついたものだと思わされます。そうです、実はなんと「元寇」は、偶発の神風によって難を逃れた話ではなかったのです。

本当は神風が吹かなくても、北条時宗の作戦で日本が元に勝っていたのだそうです。元軍の船は、最終的に北条時宗の防塁作戦によって上陸できない状態に陥っており、著しく衰退していました。ですから、神風が吹かなくとも、日本は大変に有利だったのだそうです。

では、北条時宗はどんな分析によって日本を有利に導き得たのでしょうか。

当初、日本国内は元軍襲来の噂に狼狽し、決して勝てる状態ではなかったと言います。元からの知らせは早くからあったのですが、有効な手を打てないまま徒《いたずら》に時間だけが過ぎてしまい、日本はますます窮地に追い込まれていたのです（第二次大戦前夜の近衛内閣の時代も、日本は全く同じ状況下にありました。度重なる米国からの打診を先送りし続け、遂には決意なき開戦に追い込まれていったのです）。

北条時宗も、当初は勝ち目なしと思っていたようですが、師匠である無学祖元という僧侶に相談したところ、筆者の父のニュース番組ではありませんが、「喝！」と言われたそうです。

そして「莫妄想（汝妄想することなかれ）」と続けたそうです。つまり、勝ち目がないとは妄想であるというわけです。

一体どこに勝ち目があるというのか。時宗はその一言で、元軍の弱点に気付き始めました。

一つは、日本は元が破竹の勢いで中国を制したことを知っていましたから、勝ち目なしとおののいていたのですが、それは陸戦での話で、決して海戦が得意なわけではないこと。

そして一つは、元は占領した国の兵士を味方に採用していたので、忠誠心が決して高くない、烏合の衆のようなな部分があること。そしてもう一つは、日本の地の利を生かすのは、日本人の方が長けていること。

この3つの弱点を下に導き出したのが、元軍を陸に上げない防塁作戦だったのです。ですから、無学祖元の「喝！」と時宗の知恵がなければ、日本は元に占領されていたのです。

聖徳太子の「楽」脱却

さらに遠くさかのぼって、聖徳太子（厩戸皇子）の中国（隋）外交における「日没するところの天子」発言作戦も、単なるハッタリではなく、太子の深い眼差しと周到な想定の下に行われたもので、それ抜きには、仮に形だけハッタリ作戦に出たとしても、同じ成果は得られなかったでしょう。

普通に考えれば、日本の誰も当時の超大国である隋にハッタリをかますことに一切の現実味も利も感じられませんから、太子のハッタリ外交に同調する者もいなかったはずなのです（当時の日本も既に、大国隋に恭順する方が現実的という、「喜」に頼る「楽」のスタイル

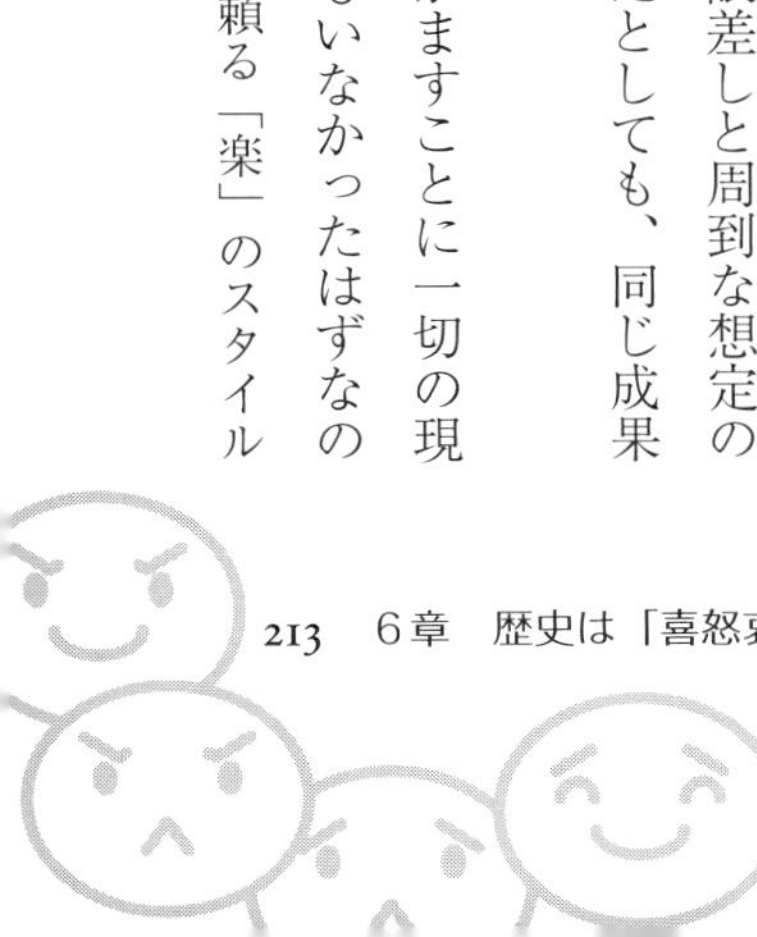

の中にあったと解釈することもできるわけです)。

それをあの蘇我氏を含めて説得し、ハッタリ外交に意志を一本化するのには、深い眼差しと周到な想定が不可欠だったはずなのです。

今や聖徳太子は実在しなかった説まで飛び出す始末で、その理由の一端には、皮肉なことにこのハッタリ外交の成功があまりにも出来過ぎている印象があることも多少関係しているのですが、ではなぜ成功したのか。それは前述の「文明力と文化力の違い」の話とも通じます(ちなみに、十七条憲法の書き方が後の時代の特徴を持っている点などが太子実在の疑いの大きな要因の一つなのですが、その点については単に後の時代に書かれたのであって、それをもって聖徳太子がいなかったことにはなりません)。

もちろん当時の随が高句麗を攻略できなかったことも大きく関係しているのですが、それを含めて太子は日中を、単一の力の定義上の上下で見ていなかったわけなのです。そしてそこに一理があったから、蘇我氏をも含む同調が現れたのです。

ですからこのように、日本の奇跡的な国難回避の歴史は、遠い古の聖徳太子のハッタリ外交さえも含み、常に無学祖元の言うところの「妄想」、即ち「楽」からの脱却によって紡《つむ》がれて来たともいえるのです。

そしてその脱却によって、日本は常に巨大な文明国に対して、それに対抗する軍事力や経済力などの「文明力」の優位ではなく、現実認識力や知恵の力という「文化力」に類する人的、非物質的な力の優位を得て解決をみて来たのです。

そのおかげで、日本は仏独の取り組む世界最先端のステージにいるのですが、私たち国民がそれを知らず、「誰か安心をくれ」「不安を拭ってくれ」という「楽」のステージにいます。だから中国が暴れたくらいで文明力信奉者の「喜」たちに絆《ほだ》され、紡がれて来た大切な日本の「文化力」やその理念の高さを平気で彼らに捨てさせてしまうのです。

「楽」ゆえに曲解されて来た西郷

ちなみに、維新の立役者の一人である西郷隆盛も、時宗や聖徳太子同様曲解されがちな一人です。筆者は、西郷隆盛といえば「征韓論」と教わりましたが、実は真逆なのだそうです。

維新政府の役人たちは、時代転換を遂げるや否や、あっという間に国民を顧みず、その権力や優雅さを謳歌するようになってしまったといいます。そんな中で変わらず質素さを失わなかったのが西郷で、その態度を苦々しく思う人も少なくなかったのだそうです。

また、政府内で安易な「征韓論」が横行し始めると、西郷は「対等な国として礼節をもって接すべきだ」「自分を派遣してくれ」と言いました。結局それは岩倉具視や大久保利通らによって止められてしまうのですが、西郷が薩摩に帰ってしまったのは、それからほどなくしてのこと。どうやら西郷が政府中枢を去ったことと、役人の堕落や安易な征韓論（「楽」）とは、決して無縁ではないようなのです。

そして、役人たちの西郷に対する苦々しさは、次第に西郷脅威論的なものに変貌してゆきました。実は西南戦争も、やはりこのことと決して無縁ではなかったようなのです。

ですから西郷は、無駄なことは何も言わない性分だったのもありますが、役人たちの「安易」と「惰」、即ち「楽」の症候群によって疎まれ、葬られ、「征韓論者」とされたようなのです。

筆者も、西郷隆盛を尊敬する人たちが、「どうも西郷の信念や生き方と征韓論が結びつかない」と言うのを聞いたことがありますが、これは宿命と言わざるを得ません。「楽」の国では、そこからの脱却の立役者が、「楽」の反作用によって曲解され得るわけです。

おそらくは、他の「喜」「怒」「哀」の国でも、同様なことが起きているのでしょう。こうして世界の国々、人々は、再び「喜怒哀楽」の闇に戻ってしまい、それゆえの危機に陥り、歴史の教訓を十分に生かせなくなるのです。

世論の力

今、活かせなかった教訓にしてはならないことの一つが「原発」といえるでしょう。今や原発反対者を「無責任」「自己中心的」と書く論調が出て来ましたが、これは筆者がこれまでも繰り返し書いた「撤廃か擁護か」という構図で、原発反対か賛成かと問うなら、実は正しいことになり得ます。

では、本当に原発反対者を「無責任」「自己中心的」と揶揄していていいのかというと、そこには大きな問題があります。原発賛成は、自然エネルギーに留まらないポスト原発への取り組みに現実味を感じられる者のみにその正しさがあるといえるからです。

「そんなものは妄想に決まってるだろう」と言う人の賛成は、あくまでも「仕方がない」というものなのであって、ポスト原発の賛成反対でない以上、そのポスト原発に取り組むべきだと反対する人を揶揄する立場にはないからです。

ちなみに筆者は、単純に即原発ゼロに賛成かと問われれば「ＮＯ」です。理由も単純で、ポスト原発に取り組まないのならば再稼働は「仕方がないから」ですが、では自分は正しいと思っているのかといえば、あるいは原発反対者を「無責任」「自己中心的」と断じられるのかといえば、それも明らかに「ＮＯ」です。なぜならその理由も単純で、ポスト原発に取り組まない前提では、再稼働反対も賛成も正しくないからです。そして、反対者の中には、ポスト原発に取り組むべきだと思っている人もいて、それは正しいからです。

ですから、今正しいのは、「ポスト原発に取り組むこと」なのです。それはどれほど困難かとは関係がありません。そこで世論が一致すれば、取り組みは始まるのです。むしろこのポスト原発への取り組みの必要をほとんど訴えない中で、再稼働賛成者が反対者を「無責任」「自己中心的」と断じている状態は、ただ醜悪でしかないのだと私たち日本人は知らねばなりません。

ここにも私たち日本人の「甘えた現実主義」や「他人事の現実主義」があるわけです。「世界だって取り組んでないじゃないか」というあたりにその「現実主義」の論拠があったりするわけですが、なぜ世界が取り組まないと日本も取り組まなくてよいと言えるのでしょうか。そのようなことは、論拠にはなりません。

筆者は大変微力ながら、自腹で原発に頼らない発電の今というのを取材してみましたが、元となるアイデアが何もないわけではありませんでした。あとは、私たちが一致して「それを発展しなければならない」と思えば、筆者が取材した発電方法がそのままポスト原発にならなくても、必ず発展し、無関係と思われていた分野から協力者が現れていくのです。今の私たちの世論は、ポスト原発を後押ししていくことに重点を置かなければ、原発に反対であろうが賛成であろうが、結果として反ポスト原発の方向に一致して寄与してしまうことになり得るでしょう。

筆者の行動は決して立派なポスト原発活動ではありません。原発事故直後に始めた取材ですから、よくわからずにやっていた部分がありますし、筆者一人では大きな限界があることも明らかだからです。しかし、大事なのは「何を成し遂げるか」が「どこまでポスト原発活動なのか」なのではなく、単に論点を間違えないことが重要なのです。

もちろん再稼働反対者と賛成者をダメだと言っているのではありません。「常識」と言われる範囲で判断するなら、むしろその反対か賛成かのどちらかになるわけで、ポスト原発などという方がよっぽど非常識でしょう。しかし「常識」の先に正しい未来があるとは誰も言っていません。特にこの人類史上最も反作用が大きい原子力というものの問題はそうで、存在そのものが最初から「常識」を超えているのです。ですから、今後原発をどうすればいいのかは、「常識」を超えた対処、即ち「ポスト原発の取り組み」であったとしても、決して何もおかしくはないのです。

かつて日本が満州に乗り出していた時に、政府は「列強だって同じことをやっているんだから、日本だけ糾弾されないだろう」と考えていたそうです。つまり満州政策は当時の「常識」だったわけですが、ところが日本は糾弾され、遂には政府が最も避けたかった国際連盟脱退へと追い込まれました。そして最終的には対米戦によって悲惨な敗北を招くことになりました。

今の日本と大戦直前を似ているとする人をバカにする風潮がありますが、「また国連を脱退させられる」「また赤紙が来る」ということ以上に、「皆もやってるから」は何の保障にもならないのに、日本人がいつもそのスタンスをとりがちであることが似ているのであり、それこそが危険なのです。

原発にしても、地震や津波などの地理的要因一つとっても世界と同じではないわけで、常識的な対応の果てに再び深刻な事態があっても、決して不思議ではないでしょう。それを防ぐためには、私たちがこれまでの常識の範囲を超えて事態を予測する必要があるのです。

読者の中には、そうした考えと、筆者の9条論は相反すると思われる方もおられるでしょうか。実は逆ではありません。筆者は日本の現状の中国脅威論は「常識」の範囲を超えていないと考えているのです。

それではなおさら9条は撤廃した方がよくなるじゃないかと思われるかも知れませんが、筆者はそれも「常識」の範囲を超えていないと考えているのです。

つまり、本当の中国の脅威と、逆に中国の可能性、そして日本の本当の個性や役割を鑑みれば、9条撤廃はむしろ損ということになる可能性もあり得るのだと言っているわけです。本当の中国の脅威とは、日本が軽視している中国の能力、そしてむしろそれ以上に、この複雑な国際社会において中国がしたことの波及効果の複雑さと深刻さのことです。それは前述した密室のブーメランと同様のニュアンスのものです。

この「安易な9条撤廃は危険」の論拠は既に本書で述べたつもりですから、後は読者の判断に託そうと思います。その代わり、一つ繰り返し述べさせて頂くなら、私たちの「常識的な現実主義」の先に「歴史の教訓が生かせた！」という未来は、これまでもありませんでしたし、恐らくこれからもないだろうということを、是非提言させて頂きたいと思います。

「人間は真面目に間違えるもの」といった人がありますが、まことにその通りで、今こそ私たちは、その真面目に間違えることを回避しなければなりません。

それには、原発や中国の脅威を含む我が国の深刻な諸問題を、「喜怒哀楽」の闇、特に私たち日本人は「楽」の闇を抜きに、問題の深刻さを問題の深刻さのまま受け止める必要があるでしょう。

筆者のような人間が偉そうに読者に講釈することはおこがましいと思ってはいるのですが、筆者一個人としては、それくらい今この瞬間が、日本や日本人の今後を占う大切な判断材料が凝縮している、二度と取り戻せない瞬間であるという危機感を抱いています。だからこそ、おこがましさを感じつつも偉そうに講釈させて頂いたのであり、その危機感を一人でも多くの読者に共有して頂ければ幸いです。

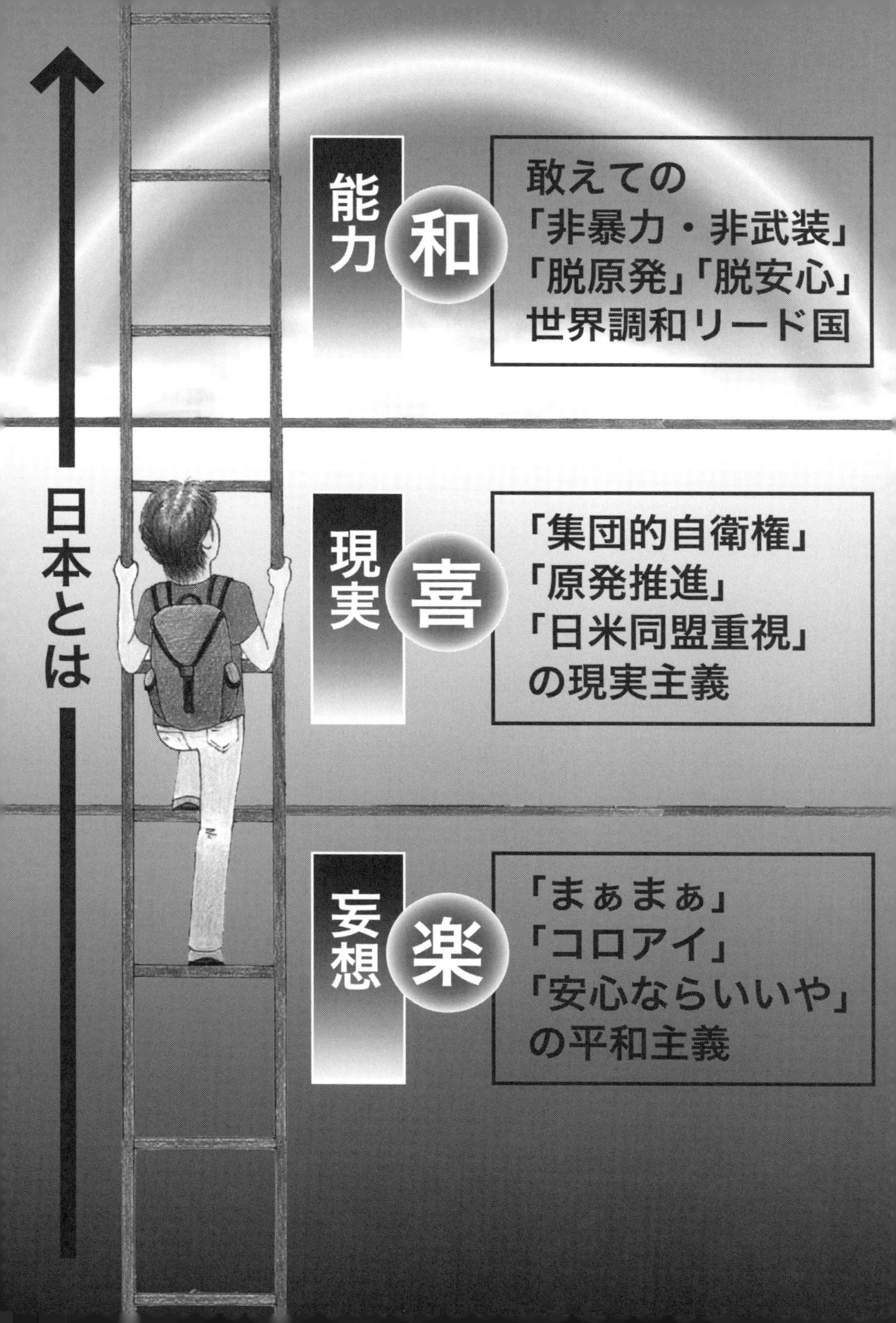
日本とは
能力
和
敢えての
「非暴力・非武装」
「脱原発」「脱安心」
世界調和リード国
現実
喜
「集団的自衛権」
「原発推進」
「日米同盟重視」
の現実主義
妄想
楽
「まぁまぁ」
「コロアイ」
「安心ならいいや」
の平和主義

ちょっと長いあとがきにかえて

「第三者」が求められる時代に

これからの私たち、世界に最も必要になってくるもの、それは「第三者」です。

例えば今、読者のお子さんやお孫さん、あるいは親友が、学校でいじめに遭って自殺してしまった場合、学校は利害関係者なので、「いじめと自殺は関連なし」と言おうとする誘因があるわけですから、この時に必要になるのも客観的立場から判断できる「第三者」でしょう。

先の原発事故の影響が被災者に及んだ時も、東電や政府は利害関係者ですから、本当は調停に「第三者」が必要でした。

また国際関係も同様で、最近中国とロシアが手をとりあい始めましたが、これがさらに親密なものになり、仮にも欧米の力を凌げば、ロシアのクリミア編入や中国の海洋進出が

「正義」になってしまいます。しかし中露の言い分は、私たち素人が聞いていても辟易するくらいただの「都合」ですから、やはり「第三者」による裁定が必要になります。

では、私たちがその「第三者」だと思っている国内の司法や国際社会における国連などが完璧な「第三者」たり得ていると断言できるのかといえば、答えはノーでしょう。近年の袴田事件をはじめとする様々な冤罪の発覚を見ているだけでも明らかなように、日本の司法の公正さは決して盤石とは言えません。ましてや国策や日米関係上の問題の裁判ともなればなおさらです。

また、国連もご承知のように、核兵器を保有する大国の論理で多くが裁定されてしまい、真の公正とはほど遠いものになっています。

今の日本には、世界には、本当の「第三者」はないわけです。なぜないのか。それは私たち現代人が、未だに「力こそ正義」という低次元の論理から逸脱していないからだと思いますが、同時に、そもそも何をもって「第三者」たり得るのかを、世界の誰もまだちゃんとは認知していないからです。

では「第三者」とは一体何なのか。実は、「喜怒哀楽」のどれにも偏らないことを言うのではないかというのが筆者の結論です。「喜怒哀楽」のどれにも偏らないとは、自身や関係者の野心、憎悪、あきらめ、鈍感無関心のどれにも染まらないことを意味します。

世界はこれまで、起きた問題に即してその都度「第三者」たろうと努めては来ました。例えば殺人事件があれば、殺人犯を裁く裁判所などの「第三者」機関に付託し、戦前のように列強の領土的野心が世界を席巻すれば、その野心と野心とを調停する国連などの「第三者」機関を設定するといった具合です。

しかしそれでは、「第三者」は事後処理係の域を脱せず、しかもその事後処理さえも、事後であるがゆえに自身や関係者の野心、憎悪、あきらめ、鈍感無関心の分、歪む可能性が残ってしまいます。

実際の問題というのは、その野心と憎悪、あきらめと鈍感無関心の4要素が関わり合って発生します。

例は何でも良いのですが、では例えばナチスの台頭でいえば、台頭の下地になったのは、ご承知のように、第一次大戦の敗戦によるドイツ国民の貧困や、法外な賠償金を要求する戦勝国たちへの憎悪でした。

しかしもう一つ下地がありました。それは、ダーウィンの進化論の登場に端を発する、人種や民族の優劣観・淘汰論の世界的な台頭です。二度にわたる世界大戦は、産業革命による世界潮流の煽りが一端であることは、多少なりとも歴史に詳しければ常識の話になっていますが、それだけでは語れない部分が、このもう一つの下地にあったようなのです（実はアメリカにもその論に基づく組織や運動があった）。

そこに同調と野心を抱いたのがヒトラーでした。そして一方で、その悪しき人間観やナチスの台頭に対して、鈍感無関心な者と、あきらめに縛られた人々が、ドイツ国内にも世界的にも不特定多数いました。その結果が第二次大戦とユダヤ人虐殺でした。

つまり、ナチスの台頭やユダヤ人虐殺一つをとっても、ヒトラー個人の歪んだ人格やドイツ人の差別意識の有無だけでは説明がつかないということです。実際は、世界中が歪み、差別の渦中にあり、それに対する野心と憎悪、あきらめと鈍感無関心があったわけです。

では今度は国内問題、福島第一原発事故を例に考えてみましょう。事故の原因は、いまだ厳密には特定されているとはいえませんが、結果的に、大地震や津波に対する楽観や無関心から生じたと言っても過言ではないでしょう。

その大もとである原発政策は、日本の資源の無さが大義名分になっていますが、その裏に原発の危険性を楽観視した経済効果への依存、また一部の人間の日本の再軍備・核武装への野心などもどこかにあったという話すら耳にします。

そしてその原発政策に対して、危険性を訴える人々はいたものの、大きな社会のレベルで見ると、人々の鈍感無関心さや楽観、「自分が危険を指摘したところでどうにもならない」というあきらめが勝ったという面もあったのではないでしょうか。

ですから原発事故も、4つの要素が有象無象に絡んでおり、私たちが今それを正しく検証把握できなければ、原発事故の教訓としての生かし方に大きな歪みが生じてしまうわけです。

会社や家庭の人間関係のレベルの話でも同様です。例えば社長や父親が「喜」だったとします。そしてそのために、一部の社員や子供の誰かが「怒」の状態になってしまっているとします。しかし他の社員や家族が、それに対して「そういうもの」「どうなるもんでもない」と「楽」や「哀」の状態にあったとすれば、と「楽」や「哀」の状態にあったとすれば、「怒」の暴発による事件化や、「喜」のエスカレートによる事業失敗や家庭崩壊などの顛末《てんまつ》は防げません。

このように、問題というものは古今東西、「喜怒哀楽」の4者・4要素が関わり合って現れるのです。ですから問題の本質を裁定したり、問題を問題化する以前に防いだりできる「第三者」とは、「喜怒哀楽」の4側面に精通し、その精通を通して自身の視点を「喜怒哀楽」のどれにも偏らせないことであり、そうした見方やその見方ができる人物の登場が、人類史上あらゆる場で、そうとは知らず長い間待たれているのです。

そしてそれは今や、所定機関の登場を待つというよりは、私たち自身が「第三者」になるべき時代、ステージレベルにあるのです。言い換えれば、「当事者」が「第三者」の思考を持つべき時代、「第三者」にならざるを得ない時を迎えているのです。

私たちは「当事者」でないことが「第三者」であるかのような印象を持っています。しかしそれ自体が、問題の発生を許して来たということです。

机上の空論のようにお思いの読者もおられるでしょうか。「当事者」たる自分が「第三者」の視点に立つなんて、凡人には無理と思われるでしょうか。そんなことはありません。「喜怒哀楽」のどれにも偏らずに物事を見てみようとするだけでそうなります。

なぜなら、読者の中の誰一人として、「喜怒哀楽」が絡み合った問題の渦中にない人はいないからです。そして、偏らずに見るためのサインや情報は、実は日常膨大に読者に降り注いでいるからです。単に読者自身が「喜怒哀楽」のどれかの立場におられるから、それが役立つ情報になっていないだけなのです。

ですから本書の「喜怒哀楽論」は、この「第三者」的思考を読者や多くの方々の中に創出する目的のもの、そして、その下地になることを目的としているのだということもできるのです。

「喜怒哀楽」の共通点は「依存」

これまで「喜怒哀楽」のキャラクターの違いをさまざまな角度から説明してきましたが、実は「喜怒哀楽」には共通点もあるのです。その一つが、いずれも「依存」の要素が含まれているという点です。

「依存」という言葉には、なにか甘えるような印象がありますから、「楽」のことかなと思われるかも知れません。もちろん「楽」も明らかに「依存」ですが、「喜」もまた、他人のものを搾取することによる発展や自己実現である点、あるいは他人に自身よりも劣っていることになってもらうことで自身が優秀であることにしている点で「依存」といえるのです。

「怒」は、相手に不正な存在、悪になってもらうことで、自分が正しいこと、善であることになっている点、そして自分がなすべきことを、不正な存在、悪である相手の贖罪行為や義務にしてしまう点で「依存」です。

「哀」は、自分が「不可能」「無理」と思っていることを、相手にも「不可能」「無理」と思ってもらうことで、「不可能」「無理」の証明にしている点で「依存」です。

「楽」の「問題ない」「大丈夫」も、相手や他人を勝手に良い人、できる人と思うことと引き換えに、その人や誰かがやってくれているはずという世界観になるから「問題ない」「大丈夫」と思うわけで、やはり明らかに「依存」です。

内と外を断絶するもの

もちろんご承知のように、それぞれ「事実自分が優れている」「事実相手が悪い」「事実不可能である」「事実問題がない」と思っています。

ですから「喜怒哀楽」は、どれも私たちが、自分の思い方や受け止め方という「内」の世界と、本当の実態や相手の実際の思いという「外」の世界とを断絶するものであるという共通点があります。

織田信長が好んだ「人間五十年」などにも出て来る、「この世は幻のようなものだ」という世界観は、私たちの中で人間の命のはかなさや、光陰矢の如しという時間感覚として認識されているわけですが、実はもう一つ、私たちが「喜怒哀楽」という思い癖で、「内」と「外」の世界を断絶して見ているために、幻を見ているのと変わらない状態になってしまっていることも意味しているのです。

事実にフィルターをかけるもの

つまり、もう一つの「喜怒哀楽」の共通点は、事実を事実のままに見せないフィルターであるという点です。

世界と自分とを断絶し、それなのに依存する。私たちが生きているこの世界の幻や人間（の業）とは、実はそうしたものであり、それはこの「喜怒哀楽」のフィルター、色眼鏡によるものなのです。

ですから本当は世界と自分は密接につながっているのであり、他人に対しても、訪れる現象に対しても都合不都合で断絶したり依存したりすることは不可能なのです（依存するのではなく共存すべきなのだとも言え、そういう意味では、「喜怒哀楽」はその共存の可能性を断絶するフィルター、色眼鏡と見ることもできます）。

ということは、私たちがすべきことは、フィルター、即ち「喜怒哀楽」を否定し合うのではなく、お互いに気付き合い、事実を事実と見た上のチーム、即ち「里見八犬伝の分け御霊」的な発想の上のそれぞれの武器、アイテムとして、それを行使し合い、協力することです。

この「事実を事実として見る」という点を軽視してきれいごとのように「仲良く」とか「未来志向」とか言うから嘘くさいのであり、「事実を事実として見る」ということを安易に「不可能」と片付けるから「所詮」とか「どうせ」と言う醜悪な世界観が生まれるのです。日本ではこの「事実を事実として見る」ということに関して、「そもそも何をもって事実とするかが人それぞれなのだから、事実事実ということ自体無意味」というような世界観を展開する人がことさらに多い気がします。

しかしそんなものは、共通の視野や視座を設定すれば、少なくとも定義上はいくらでも事実は確定のしようがあるのであり、「事実事実ということ自体無意味」との考え方は、その努力を疎《うと》む「楽」ならではの曖昧な世界観でしかありません。

日本と韓国の「従軍慰安婦問題」のように、それぞれ「楽」と「怒」の観点から事実を戦わせるから事実が確定しないだけのことであって、あるいは日本人の政治やアメリカに対する態度によくあるように、威張りたい「喜」と甘えたい「楽」が同じ意見だと互いに勘違いしているから、事実や理念がなし崩しになるだけのこと。「喜」でも「怒」でも「楽」でもない共通視点をそれぞれが自主自立的に模索すれば、実は嫌でも事実定義は可能なのであり、そうなれば「そもそも事実などあるのか」的な空論にはならなくなるのです。

「喜怒哀楽」に例外者なし

「喜怒哀楽」のさらに大切なもう一つの共通点は、例外者がいないことです。

「喜怒哀楽」はもちろん本書におけるような「論」であると同時に、そもそも私たちの印象通り、人間の自然な感情の四側面でもあるわけですから、その感情自体に障害をお持ちの方でない限りは、世界の何人《なんぴと》もその性《さが》から逃れられません。

実はこれは裏を返せば、「この世に事実と言える事実などない」という見解が99%以上正しいとされる中にあって、私たち人類がその「喜怒哀楽」の受信や発信をし合っている点こそを「事実」とすることが可能だということなのです。

さらに言えば、その「喜怒哀楽」が感情として人類の共通点であること自体に、そもそも隣人から人類に至るまでの規模の「絆」が存在することになるのです。

ですからこの「喜怒哀楽」論は、家庭から国際関係に至るまでのあらゆる人間関係の中で、自分にどんな使命や生まれて来た理由があるのかを探す道標になるとさえ言い得るということです。

筆者は世界を巡り、それを訴える人やものにたくさん出会って来ました。あるいは、そうとは見られていないが、実はそういう理念の下に生まれたものがたくさんあり、それによって私たちの今が、歴史上「喜怒哀楽」の闇に断絶され尽くさずに、かろうじて存在していると言っても過言ではありません。

しかもこの使命や生まれて来た理由に関していえば、そうとは知らずそれに気付いた日本人に、国内外の旅でたくさん出会って来ました。それは筆者までもが「日本人に生まれて来て良かった」と思うほどのものでした。

本当の世界の絆や日本人の使命

かたや、今日本が進もうとしている道は、すべて間違っているとは思いませんし、効果ある政策も少なくないとは思いますが、一方で、「平和理念の実質的な放棄」とも言われる道や米依存の強化、借金やカジノなどによる場当たり的ともいえる景気浮揚策、安心の大義名分のもとに政府が強権化する「主権」の衰退などといったように、「甘えた現実主義」「理念や使命感の否定放棄」にもつながる傾向が色濃く表れてきているようにも感じられます。

一見現実的な道に見えて、実はそれが日本人による日本人の否定・放棄につながりかねないことであり、私たちがそれに気付く最後のチャンスである今という時期に本書が多少なりとも寄与することができるよう願って止みません。もちろん、他国の人々が「喜」や「怒」「哀」に気付いてくれることも嬉しいのですが、まずは「楽」の傾向を持つ日本人こそが気付き、そこから日本はもちろんのこと、日本人こそが世界の現状を変えていって欲しいのです。

本書を読み終えた時に、「楽」の傾向を持つ人の（筆者に対する）「アツい人だね」「まじめだね」というような褒め言葉、あるいは「まぁ一理はあるだろうけど、現実は……」という他人事の意識——そのようなものしか残せないのであれば、本書を上梓した意義はあまりありません。「これは自分自身のことなのだ」「自分が現実を変える力になるのだ」と受け止めて頂き、これまでの印象からではなく、事実や真相をあるがままに見極める知覚を研ぎ澄まして頂けてこそ、本書のメッセージが成就するといえるのです。

もちろん読者が「楽」の人とは限りません。日本では二番目に多いと思われる「喜」の方もお読みになるでしょう。その時は、まず自分よりも下という先入観を捨て、「まだまだだな」「そんなことは既にわかっている」「もっと大事な話を自分は知っている」などと大上段から見下す前に、少なくとも自身の反感孤立や、「作っては壊し」を注意するきっかけにして頂きたいのです。

また、「怒」の傾向を持つ読者もいらっしゃるでしょう。そういう方は、本書を一種の「断罪書」や「人間をカテゴリー分けするもの」といったように、被害者意識や拒絶で受け止める前に、これまで拒絶されてきた人や物事の一つでも受け止め切ってみようと実験して頂きたいのです。結局拒絶した理由は正しいとしか思えなかったとしても、必ずこれまで考えたことのない何かしらの発見があるでしょう。

「哀」の傾向を持つ読者は、「どうせ人は変わらない」という前に、試しに一つでも「どうせ」と思ったことに挑戦して頂きたいのです。そうすれば必ず、思った以上に怖がらなくても良かった、不可能ではなかったとお思いになるでしょう。

本書がいわば「喜怒哀楽」を通しての一種の「地図」として、ご自身の実験や実践に活用された時、あるいはそのきっかけにされた時、何も変わらないということは決してありません。「変わる」ことは「義務」ではなく、すべての人に与えられた「権利」。本書を読んで下さった読者が「傍観者」にさえならなければ、必ず大切な何かが変わることをお約束し、本書の結びの言葉にしたいと思います。

乱筆乱文、並びに若造の分際で偉そうな物言いを心からお詫びして。

【著者略歴】

関口知宏（せきぐち ともひろ）

1972年7月1日東京生まれ。俳優・旅人・アーティスト。

立教大学経済学部経済学科卒、卒業後1996年フジテレビ「MMR未確認飛行物体」で俳優デビュー。以後、ドラマや司会など多方面で活躍。

代表的な番組は2004年から始まったNHK BShi鉄道シリーズである。

NHK BShi「列島縦断 鉄道12,000Kmの旅」、「列島縦断 鉄道乗りつくしの旅」、「関口知宏が行くヨーロッパ鉄道の旅」、「関口知宏の地球サポーター」、「関口知宏の中国鉄道大紀行」など多数。

その後、海外で活躍している日本人を取材する「関口知宏のファーストジャパニーズ」。そして日本の若者の活動を取材するNHK BS1「関口知宏のオンリーワン」と繋がる。

2008年5月10日、橋田賞を受賞。2012年には日中国交正常化40周年記念事業の親善大使に就任し日中の友好に務めた。

現在は映像・音楽制作なども手がけている。


【出版協力】

西田久美　塚越誠　小林さゆり　内海達也　小島哲夫　重松なほ

The Duan Press

[新装版]

「ことづくりの国」日本へ そのための「喜怒哀楽」世界地図

2018年12月25日　初版第1刷発行

著　者　関口知宏
発行者　段　景子
発行所　株式会社日本僑報社
171-0021東京都豊島区西池袋3-17-15
03-5956-2808　FAX03-5956-2809
info@duan.jp
http://jp.duan.jp
中国研究書店 http://duan.jp
http://weibo.com/duanjp

ISBN 978-4-86185-266-4 C0036

日本僑報社好評既刊書籍

日中中日翻訳必携 実戦編Ⅳ

こなれた訳文に仕上げるコツ

好評シリーズ最新刊!!

武吉次朗 編著

「実践編」第四段!「解説編」「例文編」「体験談」の各項目に分かれて、編著者の豊かな知識と経験に裏打ちされた講評に加え、図書翻訳者としてデビューした受講者たちの率直な感想を伝える。

四六判176頁 並製 定価1800円+税
2018年刊 ISBN 978-4-86185-259-6

日中中日翻訳必携 実戦編Ⅲ

美しい中国語の手紙の書き方・訳し方

千葉明 著

日中翻訳学院の武吉次朗先生が推薦する「実戦編」第三弾!
「懇切丁寧な解説、すぐに使える用語と約束事」「これに沿って手紙を書けば中国の友人が驚くに違いない」(武吉次朗)

A5判202頁 並製 定価1900円+税
2017年刊 ISBN 978-4-86185-249-7

日中中日翻訳必携 実戦編Ⅱ

脱・翻訳調を目指す訳文のコツ

武吉次朗 著

日中翻訳学院「武吉塾」の授業内容を凝縮した「実戦編」第二弾!
脱・翻訳調を目指す訳文のコツ、ワンランク上の訳文に仕上げるコツを全36回の課題と訳例・講評で学ぶ。

四六判192頁 並製 定価1800円+税
2016年刊 ISBN 978-4-86185-211-4

日中中日翻訳必携 実戦編

よりよい訳文のテクニック

武吉次朗 著

好評の日中翻訳学院「武吉塾」の授業内容が一冊に!
『日中中日 翻訳必携』の姉妹編。
実戦的な翻訳のエッセンスを課題と訳例・講評で学ぶ。

四六判192頁 並製 定価1800円+税
2014年刊 ISBN 978-4-86185-160-5

日中中日 翻訳必携

翻訳の達人が軽妙に明かすノウハウ

2017年12月 第三刷発行

武吉次朗 著

古川 裕(中国語教育学会会長・大阪大学教授)推薦のロングセラー。
著者の四十年にわたる通訳・翻訳歴と講座主宰及び大学での教授の経験をまとめた労作。

四六判180頁 並製 定価1800円+税
2007年刊 ISBN 978-4-86185-055-4

同じ漢字で意味が違う

日本語と中国語の落し穴

用例で身につく「日中同字異義語100」

久佐賀義光 著
王達 中国語監修

"同字異義語"を楽しく解説した人気コラムが書籍化!中国語学習者だけでなく一般の方にも。漢字への理解が深まり話題も豊富に。

四六判252頁 並製 定価1900円+税
2015年刊 ISBN 978-4-86185-177-3

日本の「仕事の鬼」と中国の〈酒鬼〉

漢字を介してみる日本と中国の文化

冨田昌宏 編著

鄧小平訪日で通訳を務めたベテラン外交官の新著。ビジネスで、旅行で、宴会で、中国人もあっと言わせる漢字文化の知識を集中講義!
日本図書館協会選定図書

四六判192頁 並製 定価1800円+税
2014年刊 ISBN 978-4-86185-165-0

日中文化DNA解読

心理文化の深層構造の視点から

尚会鵬 著
谷中信一 訳

昨今の皮相な日本論、中国論とは一線を画す名著。
中国人と日本人の違いとは何なのか?文化の根本から理解する日中の違い。

四六判250頁 並製 定価2600円+税
2016年刊 ISBN 978-4-86185-225-1

豊子愷《ほうしがい》児童文学全集（全7巻）

第1巻 一角札の冒険

豊子愷 著
小室あかね（日中翻訳学院）訳

次から次へと人手に渡る「一角札」のボク。社会の裏側を旅してたどり着いた先は……。世界中で愛されている中国児童文学の名作。

四六判152頁 並製 定価1500円＋税
2015年刊 ISBN 978-4-86185-190-2

第2巻 少年音楽物語

豊子愷 著
藤村とも恵（日中翻訳学院）訳

中国では「ドレミ」が詩になる？
家族を「ドレミ」に例えると？
音楽に興味を持ち始めた少年のお話を通して、音楽の影響力、音楽の意義など、音楽への思いを伝える。

四六判152頁 並製 定価1500円＋税
2015年刊 ISBN 978-4-86185-193-3

第3巻 博士と幽霊

豊子愷 著
柳川悟子（日中翻訳学院）訳

霊など信じなかった博士が見た幽霊の正体は？
人間の心理を鋭く、ときにユーモラスに描描いた傑作短編集。

四六判131頁 並製 定価1500円＋税
2015年刊 ISBN 978-4-86185-195-7

第4巻 小さなぼくの日記

豊子愷 著
東滋子（日中翻訳学院）訳

どうして大人はそんなことするの？
小さな子どもの瞳に映った大人社会の不思議。激動の時代に芸術を求め続けた豊子愷の魂に触れる。

四六判249頁 並製 定価1500円＋税
2016年刊 ISBN 978-4-86185-192-6

第5巻 わが子たちへ

豊子愷 著
藤村とも恵（日中翻訳学院）訳

時にはやさしく子どもたちに語りかけ、時には子どもの世界を通して大人社会を風刺した、近代中国児童文学の巨匠のエッセイ集。

四六判108頁 並製 定価1500円＋税
2016年刊 ISBN 978-4-86185-194-0

第6巻 少年美術物語

豊子愷 著
舩山明音（日中翻訳学院）訳

落書きだって芸術だ！
豊かな自然、家や学校での生活、遊びの中で「美」を学んでゆく子供たちの姿を生き生きと描く。

四六判204頁 並製 定価1500円＋税
2017年刊 ISBN 978-4-86185-232-9

第7巻 中学生小品

豊子愷 著
黒金祥一（日中翻訳学院）訳

子供たちを優しく見つめる彼は、思い出す。学校、先生、友達は、作家の青春に何を残しただろう。若い人へ伝える過去の記録。

四六判204頁 並製 定価1500円＋税
2017年刊 ISBN 978-4-86185-191-9

竹久夢二との親交
『源氏物語』『草枕』の翻訳
世界で知られる
近代中国を
代表する文学者

エッセイスト
絵本作家 海老名香葉子氏 推薦

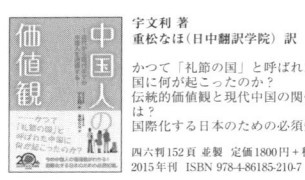

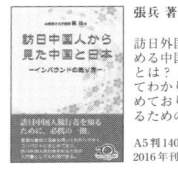

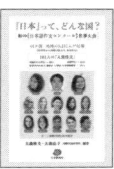

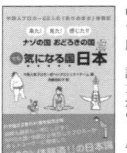

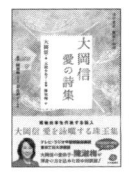

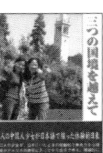

ガイドブックに載っていない観光地

中国の“穴場”めぐり

A5判
フルカラー

日本日中関係学会 編

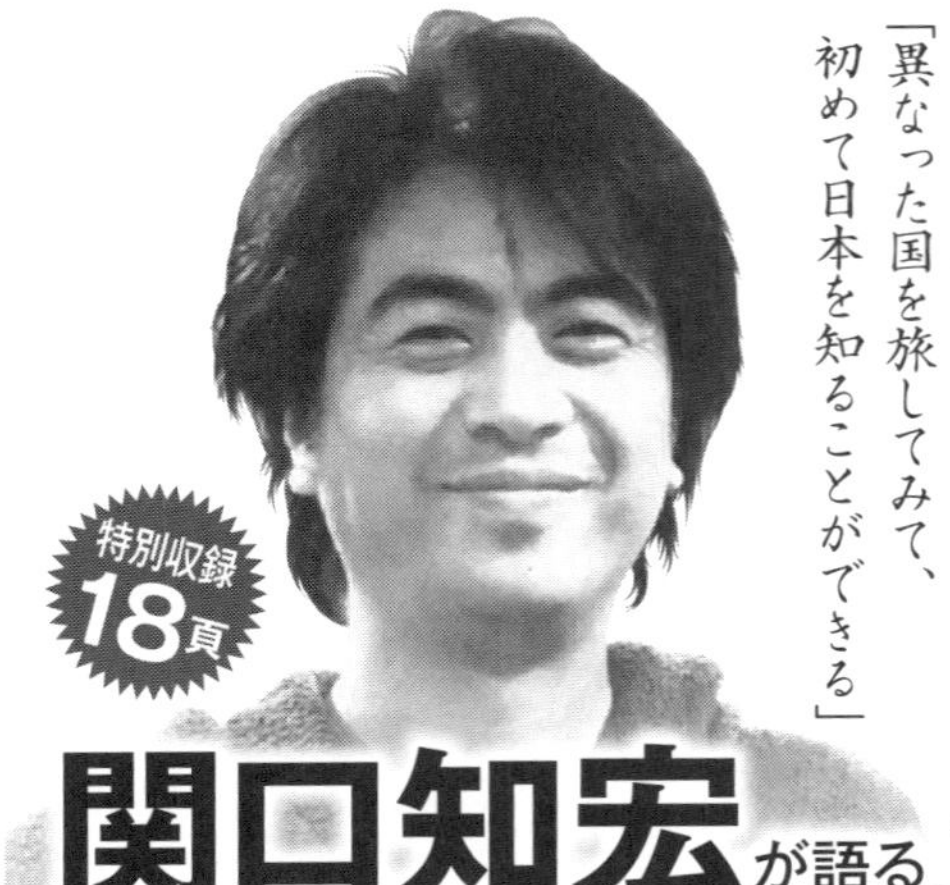

異乡有悟

「異なった国を旅してみて、初めて日本を知ることができる」

特別収録 18頁

関口知宏が語る

日本との違いをかき集める旅

NHK「中国鉄道大紀行」36000㎞の旅で見つけた
日本との「違い」を語るインタビューを掲載！

宮本雄二 元中国大使・日中関係学会会長 **推薦**

ISBN 978-4-86185-167-4　C0036　定価1500円＋税